Dorothee Hoch

Offenbarungstheologie und Tiefenpsychologie
in der neueren Seelsorge

Theologische Existenz heute
Nr. 195

Herausgegeben von Trutz Rendtorff und Karl Gerhard Steck

DOROTHEE HOCH

Offenbarungstheologie und Tiefenpsychologie in der neueren Seelsorge

CHR. KAISER VERLAG MÜNCHEN

CIP-Kurztitelaufnahme der Deutschen Bibliothek

Hoch, Dorothee
Offenbarungstheologie u. Tiefenpsychologie
in der neueren Seelsorge.
(Theologische Existenz heute; Nr. 195)

ISBN 3-459-01103-3
© 1977 Chr. Kaiser Verlag München.
Alle Rechte vorbehalten, auch die des auszugsweisen Nachdrucks,
der fotomechanischen Wiedergabe und der Übersetzung; Fotokopiere
nicht gestattet. – Gesamtherstellung: Druckerei Sommer, Feuchtwanger
Umschlagentwurf: Claus J. Seitz. – Printed in Germany.

INHALT

Vorwort 7

I *Erlebnis und Erfahrung in der Seelsorge* 8

II *»Theologia in actu« in der Seelsorge* 15

III *Erfahrungen mit der CPT-Aus- und Weiterbildung* . . . 18

   1. Das CPT-Modell für die Aus- und Weiterbildung in der Seelsorge 18

   2. Äußerungen und Erlebnisse von Teilnehmern an einwöchigen CPT-Kursen 23
      a) Die Entdeckung des Reichtums menschlicher Möglichkeiten (23)
      b) Die Erfahrung der eigenen Armut als positives Erlebnis (24)
      c) Die Erfahrung der Gruppe und der dort geführten offenen Gespräche (26)
      d) Folgen für Theologie, Seelsorge, Amt und Leben (28)
      e) Anhang: Abgrenzung des CPT-Modells gegen andere gruppendynamische Versuche (36)

   3. Äußerungen und Erlebnisse von Supervisanden über größere Zeitspannen 38
      a) Perfektionistischer Leistungsdrang (39)
      b) Die Beziehung zum Supervisor als Modell des Lernens (41)
      c) Umgang mit Machtproblematik (44)
      d) Hilfe auf dem Weg der eigenen Identitätsfindung (45)

IV *Schlußbemerkungen* 49

Anmerkungen 54

Literaturverzeichnis 74

VORWORT

Die vorliegende Arbeit entstand unter dem Arbeitstitel »Untersuchung zur theologischen Relevanz psychologisch fundierter Ansätze in der neueren Seelsorge, dargestellt am Modell des Clinical Pastoral Training«. Ihren Kern und Ursprung bilden Material und Erfahrung, die ich in meiner eigenen CPT-Ausbildung und dann als Leiterin von Kursen sowie als Supervisorin mit Pfarrern und Studenten gesammelt habe.

Von daher erging die Herausforderung zur reflektierenden Verarbeitung und – verstärkt durch Fragen von außen – zur Auseinandersetzung mit meiner eigenen »theologischen Vergangenheit«.

Ein weiterer Impuls ergab sich aus der Notwendigkeit, mich in der mir bekannten neueren Seelsorgeliteratur umzusehen, um meine Einsichten und Erfahrungen mit denen der andern zu messen und herauszufinden, wie weit ich mich mit ihnen in Einklang befinde. Das Ergebnis dieser Nachforschungen bildet den Hauptteil der »Anmerkungen«.

Ich freue mich, wenn diese Arbeit andern, die vielleicht einen ähnlichen Weg gegangen sind oder gehen möchten, Klärung und Ermutigung bedeuten kann.

Mein Dank geht an alle, die mich auf meinem Weg begleitet und daran Anteil genommen haben. Ein besonderer Dank gebührt meinen Supervisanden, die mir die Erlaubnis erteilten, Material aus der Supervisionsbeziehung in der vorliegenden Form zu veröffentlichen.

Riehen/Basel, im Frühjahr 1977　　　　　　　　　　Dorothee Hoch

I ERLEBNIS UND ERFAHRUNG IN DER SEELSORGE

Eduard Thurneysen definiert in seiner »Lehre von der Seelsorge« die Seelsorge als »Ausrichtung des Wortes Gottes an den Einzelnen« in der Kirche. Ihr Inhalt ist »die Vergebung der Sünden«, und ihr Ziel die Eingliederung des Einzelnen in die Gemeinde, die Hinführung zu Predigt und Sakrament (27 u. 30).

In seinem späteren Werk »Vollzug der Seelsorge« wird die Definition erweitert. Seelsorge ist jetzt »ein Handeln der Gemeinde sowohl an den Menschen innerhalb ihres Raumes wie auch an denen draußen in der Welt« (23). Es wird zur Kenntnis genommen, daß die Menschen anders geworden sind (zwischen beiden Büchern liegt ein Zeitraum von 22 Jahren, 1946–1968), daß deshalb unsere Sprache anders werden muß, daß wir »leibhaft« hinter dem Wort stehen sollten, daß es um »konkrete Begegnung« geht (87). Es wird nicht mehr behauptet, daß »auch die schwierigsten menschlichen Probleme nicht mehr schwierig sind, wenn die daran Beteiligten sie nur einmütig in der Sicht des Wortes Gottes sich vor Augen treten lassen« (Lehre 109), und der Wert der Psychologie als Hilfswissenschaft wird noch um einiges mehr hervorgehoben.

Aber im Prinzip wird auch im zweiten Werk an einer Seelsorge des Wortes festgehalten, das »senkrecht von oben« kommt und als das ganz Andere im Grunde nichts zu tun hat mit dem, was Psychologie und Psychiatrie zu bieten haben.

In »Vollzug der Seelsorge« wird an entscheidender Stelle (90 ff) gegen links und rechts abgegrenzt: Es soll nicht so sein wie bei Kohlbrügge, der den Seelsorgern geraten hat: »Man werfe das Wort Gottes nur in den Menschen hinein«, weil es objektiv Gültigkeit hat und a se ipso wirkt. Anderseits wird auch die »existentiale Auslegung« abgelehnt, besonders wo es wie bei Schleiermacher dann darum geht, dem andern »heilige Gefühle einzuimpfen« und mittels eines Bibeltextes »die Existenz zu erhellen«. Thurneysen schreibt: »Weder mit einem objektiv applizierten Wort Gottes noch mit einem existentialen Miteinanderreden über Lebensfragen – und wenn es an Hand eines Bibelwortes geschähe«, geschieht wirkliche Seelsorge. Sie geschieht nur da, wo »der Heilige Geist die Mauern der historischen Ferne und Fremde, die uns von

Gottes Offenbarung trennen, zerbricht ... Er bewirkt die immer neue Begegnung Gottes mit uns und unseren Nächsten, die in seinem lebendig ergehenden Wort sich ereignet« (Vollzug, 92). Der Verkündiger hat dabei »einfach dem Gefälle zu folgen, welches das Bibelwort selber zum Menschen hin in sich trägt. Denn es ist ja von Haus aus ein Botenwort. Wir aber dürfen gewiß sein, daß von diesem Wort, wenn wir es sagen lassen, was es sagen will, Licht und Hilfe ausgehen in die dunkeln und notvollen Lebenssituationen derer, an die wir es ausrichten« (Vollzug, 93). Dann folgt in *Kleindruck* die Bemerkung, daß wir uns dabei aller Hilfe der Theologie bedienen sollen, und »endlich« sei auch noch zu denken an die Bemühung um das Verständnis des Menschen von seiten der modernen Naturwissenschaften, insbesondere der Psychologie, Anthropologie und Soziologie.

Mir scheint, daß genau an diesem Punkt der Ansatz von Thurneysen mutig aufgenommen und weitergeführt werden muß. Seelsorge geschieht tatsächlich weder »in einem objektiv applizierten Wort Gottes« noch im »existentialen Miteinanderreden *über* Lebensfragen«. Aber die Mauern, die da zu zerbrechen sind, betreffen nicht nur die »historische Ferne und Fremde, die uns von Gottes Offenbarung trennen«, sondern ebenso das, was an Mauern, Barrieren, Kommunikationsunfähigkeit und Unmenschlichkeit zwischen den Menschen steht. Es ist mir nicht wohl dabei, wenn der heilige Geist und seine Wirkungsweise als übernatürliches Phänomen so sehr überhöht wird, daß er »senkrecht von oben« kommt und nichts mehr hinterfragt werden darf – während auf der andern Seite die menschlichen Bemühungen nur noch im Kleindruck erwähnt werden. Da ist etwas auseinandergerissen, was gerade in der Person Jesu Christi für alle Ewigkeit zusammengekommen ist – und damit, meine ich, müßten wir auch in der Seelsorge ernst machen[1].

Ich muß allerdings sofort hinzufügen, daß für Eduard Thurneysen selbst solche Konsequenzen nicht in seinem Ansatz lagen. Jedenfalls habe ich die *Praxis* seiner Seelsorge ganz anders erlebt: Wenn ich mich frage, was mich bewogen hat, als Schulmädchen und als Studentin immer wieder gerade Eduard Thurneysen als Seelsorger aufzusuchen, um bei ihm Hilfe zu bekommen, dann meine ich es müsse der Umstand gewesen sein, daß dieser vielbeschäftigte Mann sich Zeit für mich nahm. Ganz gesammelt und konzentriert war er für mich da. Ganz behutsam half er, die schwierigsten Dinge auszusprechen und so langsam den Problemen auf den Grund zu kommen. Von »Vorhof« und »Innenhof«

des Gesprächs, vom »Bruch im Gespräch« oder von hohen Worten »senkrecht von oben« habe ich nichts bemerkt. Der Seelsorger versuchte einfach, mit mir zusammen herauszufinden, was in diesem konkreten Moment meines Lebens die »Freiheit eines Christenmenschen« bedeuten könnte. Ich bekam keine Regeln, keine Befehle; ich wurde nicht beurteilt, ich bekam nichts aufgeredet. Sondern es geschah dort Hilfe zu einem Stückchen Ordnung, zu ein wenig Mut und zu neuen Schritten. Wenn er dann am Schluß mit mir betete, dann hatte ich das Gefühl: Jetzt gibt er mich zurück in die Hand Gottes. Er will mich nicht an sich binden. Ich bin nicht *ihm* Rechenschaft schuldig über das, was ich jetzt tue. Sondern jetzt stellt er mich auf meine eigenen Füße vor Gott hin. Ich kann mich kaum an eines seiner gesprochenen Worte erinnern. Aber meine Gefühle während solcher seelsorgerlichen Aussprachen sind mir jederzeit gegenwärtig: das Gefühl der Geborgenheit, des völligen Angenommenseins, des Staunens über so viel persönliche Zuwendung, des Vertrauens und der menschlichen Nähe. Ich habe bei Eduard Thurneysen erfahren, daß ich trotz dem Gefühl eigenen Versagens, eigener Verurteilung und Minderwertigkeit voll anerkannt wurde, daß er mich seiner Zeit und seines Interesses für wert erachtete und mich als Person gelten ließ. Und damit hat – wie ich später merkte – auch sein theologisches Denken übereingestimmt. Denn ich habe ebenfalls bei Eduard Thurneysen gelernt, daß es jenes große »Trotzdem« Gottes gibt, das uns davon entbindet, sein Wohlgefallen durch Leistungen erwerben zu müssen. Das hat Thurneysen mir durch seine Person, seine Haltung, seine seelsorgerliche Zuwendung eingeprägt und verbürgt.
Ein zweites Mal habe ich Ähnliches und – weil ich dreißig Jahre älter und bereits von meiner Berufserfahrung geprägt war – vielleicht noch tiefer in Amerika erfahren. Dort hatte mein Supervisor im Clinical Pastoral Training (CPT) es darauf abgesehen, dieser »sicheren Theologin aus Europa« neue Erfahrungen zu ermöglichen, indem er mich ohne Anweisungen in der psychiatrischen Klinik, im Pflegeteam und im Patientenmilieu schwimmen und damit alle denkbaren Fehler begehen ließ, um mir dann jeweils in meiner Niedergeschlagenheit zu zeigen, daß und wie man aus Fehlern lernen kann, und wie das Sein wichtiger ist als die Leistung. Durchgetragen hat mich dabei wohl seine spürbar feste Überzeugung, daß er mir diese harte Erfahrung zumuten konnte im Vertrauen auf Möglichkeiten zur Veränderung und zur Aktivierung neuen Potentials in meinem persönlichen und beruflichen Leben. Dieses Festgehaltenwerden auf Zukunft und Hoffnung hin,

dieses gleichsam stellvertretende Vertrauen des Supervisors für mich, wurde mir zu einem Zeichen für die Art, wie wir von *Gott* gehalten sind und es dann mit uns selbst immer wieder aushalten können. Alte, theologisch vertraute Begriffe wie Gnade, Versöhnung, Rechtfertigung, Heiligung begannen sich in der Folge für mich in nie geahnter neuer Weise erfahrungsmäßig zu füllen. Ich »begriff« auf einer viel tieferen, intensiveren Ebene. Es wurde mir wohl dort richtig bewußt, daß »Verkündigung« – auch Verkündigung an den Einzelnen – nicht einfach in Worten besteht, sondern daß immer der ganze Mensch mit all seinen Hintergründen im Spiel ist. Anders ausgedrückt: das »Wort Gottes« (das *dabar,* also die *Sache* Gottes!) kommt ja nicht »senkrecht von oben« in dem Sinne, daß Gott einfach ein Wort spricht und wir dieses nachsprechen sollen. Denn da ist zunächst einmal das Problem des Wortes und der Wörter, wie man diese Sache Gottes in unsere Wörter kleiden kann. Es gibt Befehlssätze, Aussagesätze, Fragen, Information, allgemeine Wahrheiten etc. Je nach der Form, in der es vermittelt wird, wirkt jenes »Wort Gottes« im Einzelfall ganz unterschiedlich. Und weiter ist das »Wort«, wenn es in Wörter gekleidet ist, ja nicht ein Abstractum, sondern es erscheint gleichsam in der »Materie«. Unsere Stimme hat einen bestimmten Klang, unser Gesicht hat dabei einen bestimmten Ausdruck: hart, weich, freundlich, bestimmt, mitfühlend, abweisend etc. Unsere ganze Haltung, unser Rücken, unsere Hände, ja sogar die Füße sagen etwas aus über unsere innere Verfassung: wir wirken mißtrauisch, in uns gekrümmt, offen, entspannt, zugewendet zum andern oder in uns selbst verwickelt. Unsere ganze Person weckt im andern Gefühle, Assoziationen und Erinnerungen, die vielleicht mit uns und der momentanen Gesprächssituation nichts zu tun haben, die aber seine Reaktion auf uns entscheidend färben und bestimmen.

So wird dem Gesprächspartner stets unbewußt sehr viel mehr vermittelt als nur unsere »Wörter«. Mehr als unsere verbalen Äußerungen beeinflussen diese Begleitumstände sein Verhalten. Er reagiert mit seinem tiefsten Gefühl auf das, was ihm von mir an Gefühl, an innerer Haltung durch meine Stimme, meine Art des Sprechens, Sitzens, durch meine Gesten und meine Mimik entgegenkommt. Auch wenn er es nicht klar ausdrücken kann, so registriert er doch sehr fein, ob einerseits meine Wörter mit meiner Haltung zusammenstimmen, und ob andererseits meine Haltung und meine Wörter auszudrücken vermögen, was ich ihm von »DEM WORT« mitteilen möchte. Das beeinflußt mehr als er weiß, seine Reaktion nicht nur auf mich, sondern auch auf »DAS WORT«[2]. Wenn etwa ein Pfarrer in seiner Predigt von Versöhnung und Liebe redet, seine Stimme aber diktatorisch »bellt«, dann spürt der Hörer, daß da etwas nicht stimmt. Oder wenn ich zu einem Kranken komme und auf die Frage

»Wie geht es?« zwar mit Worten gesagt bekomme »Es geht gut«, aber den Kranken mit bekümmertem Gesicht verspannt im Bett liegen sehe, dann weiß ich, daß ich hinter seinen Worten eine andere Mitteilung heraushören muß, wenn ich ihn ernst nehmen will.

Wir können also bei der »Verkündigung des Wortes Gottes« all diese menschlichen Umstände nicht außer Acht lassen, sondern müssen uns damit ernstlich befassen. Wir können »DAS WORT«, das Anliegen Gottes an uns, nicht hören und aufnehmen, ohne daß all das mitschwingt, was durch das menschliche »Vehiculum« hineinkommt. Es gibt kein »reines« Wort und kein abstrakt reines »Vehiculum«. Sondern so gewiß Jesus Christus wirklich Mensch geworden ist und unsere Lebensbedingungen angenommen hat, um uns zu erreichen, so gewiß inkarniert sich »DAS WORT« auch heute in unseren menschlichen Bedingungen. Es läßt seine »Vehicula« nicht unberührt, sondern es wird sie benützen und in den Prozeß der Verkündigung mit hineinnehmen, damit alles zum Zeugnis dessen wird, was da übertragen werden soll[3]. Ob wir nicht einem feinen Doketismus gehuldigt haben, wenn wir gemeint haben, das Wort komme »senkrecht von oben«, und es spiele überhaupt keine Rolle, durch wen und auf welche Weise es weitergegeben werde?[4] Oder spielt da die alte Lehre von den zwei Reichen mit hinein? Ich neige dazu, hier psychologisch zu interpretieren in dem Sinne, daß die »Senkrecht-von-Oben-Theologie« bei manchem ihrer Vertreter ein Ausdruck jener persönlichen Bescheidenheit sein könnte, in der sie ihren Anteil am »Erfolg« abwehren und sich als die »unnützen Knechte« des Gleichnisses (Lk 17,10) bezeichnen möchten. Immerhin haben aber jene »unnützen Knechte« vorher »alles getan«! Und bevor Jesus in Kana das Wasser zu Wein verwandeln konnte, mußten die Diener immerhin die Krüge füllen! Bevor Jesus Speise für Fünftausend bereiten konnte, befahl er den Jüngern, »herzubringen was sie hatten«! Somit wäre es doch eine legitime »Vorbedingung« für das göttliche Tun von »Oben«, daß wir da unten »alles tun was wir können« und »alles herbringen was wir haben«. Weil wir aber heute mehr tun können und mehr herzubringen haben als noch vor zwanzig Jahren, darum ist unsere Verantwortung größer. Wir wären »faule Knechte« und unbrauchbare Arbeiter, wenn wir uns nicht mühen würden, das Inventar unseres Beitrages zu erstellen und ihn wirklich zu leisten. Daß daraus keine Werkgerechtigkeit entsteht, dafür ist gerade dann gesorgt, wenn wir bei diesem »Inventar« auf all das stoßen, was uns hindert, hemmt, was dunkel und verworren daliegt in der Tiefe unseres Lebens.

Ob man nun das Wort »Erfahrungstheologie« gebrauchen will, ist vielleicht Geschmackssache. Das Wort hat einen schlechten Klang, mindestens für alle, die von Schleiermacher und anderen her damit (zu Recht oder zu Unrecht) die Vorstellung verbinden, daß auf eine vage Gefühlserfahrung des Einzelnen abgestellt werde, welche die dahinter stehenden göttlichen Ereignisse und Taten relativiere.
Ich habe meinerseits keine Scheu, das Wort »Erfahrungstheologie« heute zu verwenden. Aber ich möchte darunter eine Theologie verstanden wissen, die einerseits wirklich von dem Ereignis der Inkarnation und Offenbarung in Jesus Christus herkommt, und andererseits gerade darum damit rechnet, daß auch heute Gott sich der menschlichen Vorgegebenheiten bedient, also der psychischen, seelischen, gefühls- und erlebnismäßigen Fähigkeiten des Menschen, so daß wir allen Grund haben, diese Dinge und ihre Funktionen genau zu studieren. Das Neue an unserer heutigen »Erfahrungstheologie« wäre demnach, daß ihr erstmals die Tiefenpsychologie zur Seite steht, und es also nicht nur um gefühlsmäßige, persönlich vage Eindrücke geht, sondern um die Gesetzmäßigkeiten des menschlichen Geistes, um die seelischen Reaktionen, um das Ernstnehmen der Ebene von Gefühl und Gemüt samt den tieferen Schichten des Unbewußten, kurz, um das endlich bewußte und gezielte Einbeziehen des ganzen Menschen in den Vorgang von Verkündigung und Seelsorge[4a].
Es ist verständlich, daß diese Sicht an manchen Orten Angst auslöst. Ich meine aber: wenn Jesus Christus als Herr aller Gewalten verkündigt wird, dann heißt dies, daß wir alles Bestehende – also auch das Unbewußte – vor ihm aufdecken dürfen. Warum sollen ausgerechnet die Christen Angst davor haben, die doch an erster Stelle vorangehen könnten? Denn die Erkenntnisse der Psychologie und Tiefenpsychologie sind ja nicht menschliche Erfindung, sondern es geht darin um ein Nach-tasten, Nach-denken, Nachfühlen, Nach-begreifen der »inneren« Funktionen des Menschen. So wie die Mediziner den Funktionen des Körpers nachtasten und immer besser erkennen, wie sie zusammenspielen, so geht es mit den seelischen Vorgängen und Strukturen. Beide, Mediziner und Psychologen, stehen dann letztlich vor dem großen, letzten Geheimnis des Lebens selber. Aber in dem weiten Gebiet vor diesem letzten Geheimnis, da ist Forschung legitim und notwendig. Es denkt heute niemand mehr daran, den Medizinern die Erforschung des Körpers zu verbieten wie im Mittelalter. Aber gewisse christliche Kreise haben immer noch große Bedenken zuzugeben,

daß die Erforschung und Einbeziehung des Unbewußten etwas Gutes sein könnte[5].

Um zu Eduard Thurneysen zurückzukommen: Ich möchte ernst machen mit seinem Ansatz, daß Gottes Wort in seiner *Menschwerdung*, in der *assumptio carnis*, sich aller Dinge angenommen hat (Lehre, 107). Oder wie es Karl Barth formuliert hat, daß »Menschsein heißt: mit Gott zusammen sein« (KD III, 2, 167). Daß also der heilige Geist nicht erst im »Christsein«, sondern bereits im Menschsein das Menschliche und die menschliche Kommunikation bewirkt. Er macht uns zu Menschen nach dem Modell Jesus Christus, der mit jedem Menschen eo ipso »verwandt« ist[6]. Nur von daher ist es zu verstehen, wenn heute Menschen in einem völlig »profanen« Gruppengespräch spontan ausrufen: »Jetzt ahne ich etwas vom Reich Gottes, wenn man so miteinander umgehen kann.« Oder wenn ein Mensch nach einem ebenfalls »profanen« Seelsorgegespräch bekennt: »Jetzt habe ich etwas von Christus begriffen, weil Sie *so* mit mir geredet haben.« Natürlich können solche Erkenntnisse nur auftauchen, wo ein Rest von Erinnerung an die Botschaft vom Reich Gottes und von Christus noch vorhanden ist. Das heißt in diesem Fall, daß die Christen das Vorrecht und den Vorteil haben, das Modell, die Richtung und das Ziel Gottes zu kennen und sich bewußt danach richten sowie es andern bezeugen zu können[7]. Aber dem »Beispiel« Gottes selbst folgend, der das Menschsein in Christus zuerst *gelebt* und uns seine Nähe zu *spüren* gegeben hat, wird wohl auch bei uns dem Erleben, Spüren und Fühlen dessen, was das Evangelium meint, große Bedeutung zukommen müssen.

II »THEOLOGIA IN ACTU« IN DER SEELSORGE

Eine leitende kirchliche Persönlichkeit verwandte in einer Ansprache folgendes Gleichnis für die Situation der Kirche: Die Kirche gleicht einem Fährschiff auf dem Fluß, das sich vom Seil losgerissen hat und stromabwärts treibt. Die Leute auf dem Schiff beraten aufgeregt, welche Maßnahmen man zur Rettung der Situation ergreifen könnte. Die einen raten dies, die andern jenes. Einige Gruppendynamiker und CPT-Leute meinen, sie hätten die Patentlösung. Aber damit ist es auch nichts. Endlich läßt sich ein altes Mütterchen vernehmen: »Ich weiß was hilft. Wir müssen das Seil wieder oben befestigen, dann sind wir gerettet.«

So weit das Gleichnis. Aber wie es konkret zugehen soll, daß »das Seil wieder oben befestigt wird« und wer das tun soll, erwähnt die Rede – wohlweislich! – nicht mehr. Die Versuchung liegt nahe, darüber zu diskutieren, wie es geschehen solle und welche Rolle die Gruppendynamiker und CPT-Leute dabei vielleicht doch noch spielen könnten. Wichtiger scheint mir indessen die Erkenntnis, daß das ganze Bild schief liegt. Sind wir tatsächlich noch an dem Punkt, wo man »die Kirche« als Schiff – dazu noch als Fährschiff! – bezeichnen und behaupten kann, es gehe um die »Rettung der Kirche«?

Ein solches Bild mag für das Mittelalter, für die Zeit des Corpus Christianum Gültigkeit gehabt haben, wo tatsächlich ein Mensch, der nicht im »Schiff der Kirche« mitfuhr, in seinen gesamten Lebensbezügen zum Untergehen verurteilt war. Heute jedoch merken wir endlich, daß die ganze Menschheit im selben Boot sitzt; daß es längst nicht mehr um Rettung der Kirche gehen kann, sondern um die Rettung der ganzen Menschheit vor dem Untergang. »Kirche« ließe sich dann bildlich eher so darstellen, daß auf dem großen Schiff der Menschheit einige Menschen sind, die inmitten der verlorenen Masse den Kopf hoch halten und andere aufrichten; die ein wenig Gemeinschaft, Hoffnung, Glauben und Liebe anzünden und so der Fahrt auf den Wellen etwas Menschlichkeit und Zielgerichtetheit abgewinnen können.

Oder ist es vielleicht sogar schon so weit, daß das Schiff gekentert ist und die Menschen sich an Planken klammernd einzeln auf den Wellen treiben? Dann wäre »Kirche« da, wo einige dieser Schiff-

brüchigen ihre Planken zu Flößen zusammenbinden, als kleine Grüppchen da und dort Verbindung aufnehmen, um einander zu stärken, um Raum zu schaffen für andere, die am Ertrinken sind. Vielleicht sind dabei auch einige, die »die Zeichen des Himmels« deuten und andern sagen können, welches die Richtung ist, wo der Morgenstern am Aufgehen und die Nacht im Schwinden ist.
»Kirche« als Gemeinschaft all derer, die »Flöße bauen«, die hier und da Orientierung geben, die Zeichen des Himmels lesen und der Zukunft vertrauen können! Nicht stolze Schiffsbauer und Kapitäne, wohl aber ein kleines Häufchen, wo einer dem andern hilft, ein wenig mehr Mensch zu werden und es zu bleiben, von daher, daß uns an Jesus Christus aufgegangen ist, wie ein Mensch Mensch ist: im Dasein für andere, im Ich- und Du-Sagen, im Ausschöpfen und Zusammentragen der verschiedenen Gaben und Möglichkeiten, damit menschliches Leben für alle möglich werde. So könnte vielleicht heute »Kirche« verwirklicht werden[8]. Die Pfarrer und Seelsorger wären dann die öffentlich bekannten Christen, die den Auftrag des Volkes Gottes, das Leben menschlicher zu gestalten, sozusagen als »Hauptberuf« annehmen.
Seelsorge hieße dann: Menschen aufrichten im Lichte des Menschenbildes Jesu Christi, in dem sich der Mensch in seiner ganzen Größe aufgerichtet hat, und in dem er zugleich sich an den untersten Platz stellen ließ, damit er für alle erreichbar sei[9]. Im Dienst der Seelsorge ginge es dann darum,
a) den andern dort zu erreichen zu suchen, wo Jesus Christus ihm an seiner tiefsten Stelle zur Seite steht, in Angst, Ohnmacht, Schuld und Not; ihn dort so annehmen, wie Jesus ihn annimmt; ihn diese Annahme so spüren lassen, daß er sich akzeptiert fühlt und seine Not aussprechen kann[10].
b) den andern zu begleiten auf seinen Schritten zur Selbstwerdung, dh. zur Bejahung dessen, was er ist, hat und erlebt, damit er dem näher kommen kann, was für ihn persönlich volles Menschsein und voller Beitrag innerhalb der menschlichen Gemeinschaft bedeutet[11];
c) wenn möglich, dem andern das Geheimnis dieses Prozesses bewußt zu machen, es zu deuten als Menschwerdung im Lichte der Endabsicht Gottes.

Wenn Gottes Ziel das völlige Hellwerden jedes Dunkels, das völlige Offenwerden alles Verborgenen, das völlige Einswerden alles Getrennten ist, dann ist uns die Chance angeboten, auf dem Weg zu jenem Ziel immer wieder ein »hier und jetzt« zu erleben, wo etwas von jener Verheißung bereits wahr wird, wo also Dunkles hell, Verborgenes offen und Getrenntes eins wird. Dann geht es immer wieder darum, daß »*alles* was in mir ist« den Herrn loben kann. Volk Gottes und Reich Gottes – und als dessen Vorläufer die »Kirche« – meint ja wohl letztlich ein Volk von Menschen, die miteinander danken, loben, anbeten können mit *allem,* was in ihnen ist[12].

III ERFAHRUNGEN MIT DER CPT-AUS- UND WEITERBILDUNG

Damit ein Seelsorger den Menschen im genannten Sinne beistehen kann, braucht er selbst ein Stück Begleitung auf seinem eigenen Weg. Genau hier ergeht das Angebot der »Klinischen Seelsorge-Ausbildung« (in Deutschland abgekürzt »KSA«, in der Schweiz »CPT« aus dem amerikanischen »Clinical Pastoral Training«) an die Theologiestudenten, an die Pfarrer und auch an die seelsorgerlich tätigen »Laien«. Ich möchte darum zuerst das CPT-Modell kurz vorstellen und später von den damit gemachten Erfahrungen berichten.

1. Das CPT-Modell für die Aus- und Weiterbildung in der Seelsorge

CPT – das ist weder eine neue Heilslehre noch einfach eine neue Technik, sondern das Angebot einer neuen Ausbildung für die Seelsorge und den Dienst des Pfarrers im allgemeinen. Es soll dem Pfarrer eine Hilfe dazu bieten, daß er sein Person- und Menschsein besser mit seiner Pfarrer-Rolle in Einklang bringen kann. Der Pfarrer soll nicht wie ein Hausierer zu den Menschen kommen, um ihnen etwas zu verkaufen oder aufzudrängen. Sondern er soll kommen können als einer, der mit allem, was er selber ist und hat, dem andern zur Verfügung steht. Aber da braucht der Pfarrer zuerst selbst Hilfe, um zu erkennen, wer er ist, welche Fähigkeiten, Möglichkeiten und Grenzen er in sich hat und wie er mit dem, was er ist, sagt und tut, auf den andern wirkt. Das ist das eine, was in diesen Kursen gelernt werden kann. Aber dann soll auch das theologische Denken des Pfarrers und seine Seelsorge an den Menschen nicht stecken bleiben müssen in großen Formeln und hohen Worten, sondern sich verbinden können mit den tieferen Schichten des Menschseins, wo es um Gemüt, Gefühl, Erlebnisfähigkeit und Erfahrung geht. Die großen Worte der Bibel wie Gnade, Sünde, Vergebung, Rechtfertigung etc. sollen nicht leere Chiffren bleiben, sondern es soll etwas von dem erlebt werden können, was damit gemeint ist.

Es geht also konkret zunächst darum, sowohl die Gefühle und Reaktionen der anderen auf einer tieferen Ebene zu erfühlen, ihr Anderssein wahrzunehmen, auszuhalten, vielleicht zu verstehen, wie auch die eigenen Gefühle und emotionalen Reaktionen registrieren, akzeptieren, aushalten zu können und sie sinnvoll einzusetzen[13]. Diese Anliegen sind nicht neu, sie haben von jeher den echten, begabten Seelsorger ausgezeichnet. Es scheint mir aber, daß sie in der heutigen Erziehung und Ausbildung zu sehr vernachlässigt werden. Für die meisten Menschen setzt ein intensiver, oft schmerzlicher Lernprozeß ein, wenn sie sich um diese Dinge zu kümmern beginnen. Die Erfahrungen im CPT jedoch zeigen, daß durch die Nutzung der Erkenntnisse von Tiefen- und Gruppenpsychologie ein solcher Prozeß in Gang gebracht werden kann, in dem vieles Vernachlässigte und Versäumte lern- und lehrbar geworden ist.

Das CPT hat bereits eine Geschichte. In Amerika wurde 1975 das fünfzigjährige Jubiläum gefeiert, nachdem erstmals der Theologe *Anton Boisen* – er hatte in eigener psychischer Krankheitszeit das völlige Versagen jeder Seelsorge erlebt – mit der Ausbildung von Studenten auf einer neuen Basis angefangen hatte. Auch die internationale Konferenz über »Ausbildung zum Ministerium« in Rüschlikon 1975 hat gezeigt, wie sich die Sache bereits weltweit auszubreiten beginnt. Dort waren Professoren der Praktischen Theologie und Seminarleiter aus Indien, Südafrika, Neuseeland, Australien, aus der DDR, aus Polen sogar und Südamerika anwesend – überall wird versucht, die Anliegen der neuen »Seelsorgebewegung« aufzunehmen und zu integrieren.

Von Amerika her hat 1963 erstmals *Wybe Zijlstra* das CPT nach Europa – nach Holland – gebracht. Dort hat er mit *Heije Faber* zusammen das sogenannte »holländische Modell« ausgearbeitet. Es unterscheidet sich von der amerikanischen Praxis in einigen Punkten[13a].

In Amerika ist es üblich, daß ein Pfarrer oder Student ein Jahr lang an der CPT-Ausbildung teilnimmt. Sie ist sehr oft in den Studiengang seines College integriert. Mein eigener Eindruck während sechs Monaten in Amerika war, daß man dort stark empirisch-pragmatisch arbeitet, für uns Europäer (zu) wenig theologisch reflektiert und fundiert.

Das holländische Modell sieht vor, daß Einführungskurse von ein bis zwei Wochen stattfinden können, daß jedoch die Grundausbildung mindestens drei bis sechs Monate beträgt, die Ausbildung zum Supervisor sich über fünf bis sechs Jahre erstreckt. Dank dem

Umstand, daß der Verband der holländischen Krankenhäuser die Ausbildung trägt und von jedem Spitalpfarrer die Grundausbildung von drei Monaten verlangt, ist das CPT in Holland sehr verbreitet. Der holländische Rat für klinische Seelsorgeausbildung ist oekumenisch zusammengesetzt und besteht aus einem Pastoralpsychologen, einem Pastoraltheologen, einem Psychiater, den Hauptsupervisoren mit Universitätstätigkeit und einem Vertreter des Krankenhausverbandes. Dieser Rat setzt die Standards für die Ausbildung fest und garantiert die Diplome gegenüber dem Gesundheitsministerium, den Kirchen und den Krankenhäusern. Mein eigener Eindruck ist, daß in der holländischen Ausbildung die Gewichte sehr gut verteilt sind auf die Förderung der persönlichen Selbstfindung und Integration einerseits, auf die fachliche Ausbildung in Gesprächsführung, Menschenkenntnis, Aneignung psychologischer und psychiatrischer Grundkenntnisse sowie eine gründliche theologische Reflexion andrerseits.

Über Holland und teilweise direkt aus Amerika kam das CPT dann nach Deutschland. Dort ist man jetzt mit »deutscher Gründlichkeit« mit dem systematischen Aufbau der Ausbildungszentren und der Festsetzung der Standards beschäftigt. Träger der Bewegung und Garant der Standards ist die »Deutsche Gesellschaft für Pastoralpsychologie« (DGfP).

In der Schweiz gibt es seit 1974 ein CPT-Zentrum in Neumünster/Zürich, geleitet von einem Holländer, sowie die freie Supervisorentätigkeit derer, die dazu die Qualifikation besitzen. Für die Kurse benützen wir in der Schweiz bisher das holländische Modell, das ich im Folgenden kurz beschreiben möchte.

CPT – das heißt erstens: Es handelt sich um ein »*Training*«, also nicht um einen Kurs mit Vermittlung von intellektuellen Vorträgen und Vorlesungen, sondern um das praktische Einüben gewisser, vielleicht vergessener, vernachlässigter oder nie entdeckter Funktionen, Fähigkeiten und Aspekte der Person und des Amtes.

Es handelt sich zweitens um ein »*Clinical*« Training. Das bedeutet nicht, daß es unbedingt in einem Spital stattfinden muß oder daß es nur für Spitalpfarrer relevant ist. Gemeint ist, daß – so wie die Medizinstudenten in klinischen Semestern an lebendigen Menschen und nicht aus Büchern, jedoch unter Anleitung lernen – auch die Theologen eine Zeit der seelsorgerlichen Arbeit im direkten Umgang mit Menschen, aber zugleich unter sorgfältiger Aufsicht und Anleitung als Übungsfeld haben.

Und endlich: Es ist ein »*Pastoral*« Training: der Pfarrer soll darin sich selbst, seine Rolle als Seelsorger neu verstehen lernen, eine

neue Haltung einüben und diese auch theologisch verantworten können.
Wenn ein solcher Kurs in einem Spital stattfindet, dann liegt das Hauptgewicht auf folgenden Elementen:
1) Besuche bei Patienten, danach Anfertigung eines Gesprächs-Protokolls aus dem Gedächtnis und seine Besprechung in der Gruppe,
2) Gruppengespräche, um durch das feedback der anderen das eigene Verhalten kennenzulernen,
3) kontinuierliche Bewußtmachung und Reflexion des Gruppenprozesses in der Ausbildungsgruppe,
4) nach Bedarf Information über Krankheitsbilder, Neurosen, psychosomatische Störungen etc., ggf. durch Ärzte erteilt,
5) das Erlebnis von Kontakt und Teamarbeit mit Schwestern und Ärzten.

Dazu einige Einzelheiten:

ad 1) Das Protokoll wird unter Leitung des Supervisors in der Gruppe daraufhin besprochen, ob und wie der Pfarrer dem Patienten ein einfühlender Partner gewesen ist. Hat er zuhören können – oder hat er nur den Moment abgepaßt, wo er seinen Rat anbringen konnte? Lief der Kontakt nur »von Kopf zu Kopf«, oder auf der Ebene der Gefühle? Wie steht es mit Nähe und Distanz? Hat der Pfarrer sich identifiziert mit der Angst oder der Wut des anderen, so daß er ihm kein Gegenüber mehr sein konnte? Oder ist er geflohen vor den Gefühlen des anderen, hat er sie bagatellisiert, sie nicht wahrhaben wollen und darum »billig« getröstet? Hat er aus eigener Problematik reagiert oder sich wirklich dem Problem des andern zuwenden können?
Der erste Lernschritt besteht meist darin, daß ein Kursteilnehmer merkt, wie schlecht er zuhören kann, wie sehr er viel mehr bei sich selbst als beim andern, wie sehr er auf seine Sicht und Meinung vorprogrammiert ist. Er merkt, daß hinter den gesprochenen Worten so etwas wie eine zweite Sprache spricht, wo es um die Gefühle geht und meist dann um ganz andere, tiefere Probleme als die, von denen er in Worten redet.
Der zweite Schritt folgt dann sehr bald: Der Kursteilnehmer erlebt in den Reaktionen der Gruppe und des Supervisors, wie das, was er mitteilen möchte, oft ganz anders ankommt, als er es gemeint hat. Das wird vor allem bei Predigtanalysen sehr deutlich, und manch einer ist schon erschrocken darüber, wie die Zuhörer (in diesem Fall die Gruppe) fast das Gegenteil von dem gehört haben, was er sagen wollte.
Im Verlauf der Analyse wird dann nach den »Störsendern« beim Pfarrer gesucht, nach den geheimen Unstimmigkeiten zwischen seinem bewußten Wollen und seinen verborgenen Gefühlen und Komplexen, die ihm – ohne daß er es merkt – »dazwischenfunken«. Er lernt seine inneren Mechanismen kennen und entdeckt zugleich – unterstützt von der Gruppe und dem Supervisor – den Raum der Freiheit, wo er Chancen hat, Änderung und Wandlung zu erleben.

Damit ist schon ad 2) und 3) gesagt, daß das Moment der Selbsterfahrung in der Gesprächsanalyse beginnt und verstärkt wird in freien Gruppengesprächen, in denen die gegenseitigen Beziehungen und Reaktionen geklärt und bewußt gemacht werden. Der Gruppenprozeß ist der Rahmen dieses Geschehens. Er ist das Übungsfeld, um miteinander echt kommunizieren zu lernen und selbst offen zu werden. Das Moment der Selbsterfahrung ist also ein Moment unter anderen, und es ist streng auf die Aufgabe bezogen, als Seelsorger zu lernen, dem anderen ein einfühlsamer Partner zu werden. (Das ist m. E. der große, positive Unterschied der CPT-Kurse gegenüber den Sensitivity-Trainings: Dort wird die Offenheit der Labor-Situation in der Gruppe zwar als aufrüttelnd, ja manchmal als sensationeller Nervenkitzel empfunden, aber meistens verpufft die Sache hinterher ins Leere. Dagegen wird in einem CPT-Kurs der Teilnehmer angeleitet, die gewonnene Selbsterkenntnis in ganz kleinen Schritten schon beim nächsten Besuch und Protokoll praktisch anzuwenden und damit vorwärts zu schreiten. So wird ein solider Grund gelegt zu einer sich anbahnenden Persönlichkeitsveränderung, die aber auf Jahre hinaus angelegt ist und niemals beanspruchen kann, sich in einer Woche zu ereignen).
Ad 4) und 5): Kontakt mit anderen helfenden Berufen wie dem Arzt, der Schwester, dem Sozialarbeiter und ihren Anliegen ist für Pfarrer deshalb wichtig, weil es um den Abbau von viel gegenseitigem Mißtrauen geht und um die Entdeckung, daß man einander braucht, voneinander lernen kann und vor allem, daß im Interesse der anvertrauten Menschen die Teamarbeit dringlich ist.

In den Basiskursen von sechs oder zwölf Wochen bekommt die Informations- und Teamarbeit größeren Raum. Wertvoll sind dort auch nonverbale Kommunikationsübungen, ferner Rollenspiele, auch Elemente von Gestalttherapie und aktiver Imagination zur Ausweitung der eigenen Erfahrung und Kommunikationsbreite.
Neben diesen Kursen im Spital, wo die Teilnehmer (meistens sechs oder acht, höchstens zwölf) intern als geschlossene Gruppe leben, gibt es das CPT auch in Form der sogenannten *Feld-Supervision*. Das heißt, daß Pfarrer – auch Studenten und seelsorgerlich tätige Laien – bei einem ausgebildeten Supervisor einzeln oder in Gruppen regelmäßig zur Supervision kommen. Sie bringen aus ihrer Praxis Gesprächsprotokolle oder Predigten mit, die dann analysiert werden. Auch hier vollzieht sich ein Prozeß der Identitätsfindung und Persönlichkeitsentwicklung des Supervisanden, denn immer treten persönliche Probleme und Kommunikationsstörungen hervor und erfahren eine gewisse Aufarbeitung oder Therapie.
Im Folgenden soll versucht werden, anhand von Äußerungen – zunächst von Teilnehmern an einwöchigen CPT-Kursen, später an Beispielen von Supervisanden über längere Zeiträume – zu zeigen, wie diese Erfahrung erlebt wurde und was dazu von »theologischer Relevanz psychologisch fundierter Ansätze« zu sagen ist.

2. Äußerungen und Erlebnisse von Teilnehmern an einwöchigen CPT-Kursen

a) Die Entdeckung des Reichtums menschlicher Möglichkeiten

»Ich merke, daß ich dann ein guter Pfarrer bin, wenn ich ganz ich selber, ganz Mensch bin und mich selber annehmen kann. Wenn ich mit mir selber nicht versöhnt bin, kann ich nicht Botschafter der Versöhnung sein. Ich habe im Kurs ein Stück Versöhnung erlebt mit mir selber und so auch mit andern und mit Gott.« (Pfarrer, 40 J.)

»Mir sind theologische Begriffe mit Inhalt gefüllt worden. Aus dem, wie die Supervisorin mit uns und wir miteinander umgegangen sind, habe ich jetzt erfahren, was Gnade, Annahme, Vergebung heißt.« (Pfarrer, 32 J.)

»Ich bin neu motiviert zum Studium. Ich merke, daß man die Worte der Bibel gefüllt erleben kann, daß es da um mich geht.« (Student, 22 J.)

»Ich bin mein ganzes Leben gelehrt worden, Gefühle sind Privatsache, und negative Gefühle darf es überhaupt nicht geben.« (Pfarrer, 52 J.)

»Ich habe schon Probleme, aber da will ich selber damit fertig werden, die gehen niemanden etwas an, so sagte ich mir.« (Pfarrer, 39 J.)

»Ich kann vor dir als Kollegin doch nicht meine inneren Gefühlsprobleme bloßlegen – das kann ich mir nicht leisten.« (Pfarrer, 45 J.)

»Von Pfarrern verlangen die Leute doch, daß sie immer gleichmäßig freundlich sind – was nützt es mir da, meine Gefühle heraufzuholen und sie äußern zu lernen?« (Pfarrer, 46 J.)

»Ich spüre schon, daß tief in mir Gefühle sind, aber ich bringe sie nicht durch die Mauer, ich habe sie immer eingesperrt bis jetzt.« (Pfarrer, 48 J.)

»Sobald ich im Gespräch merke, daß es mich im Gefühl berührt, kriege ich Angst, und dann kann ich überhaupt nichts mehr sagen. Ich habe Angst vor meinen eigenen Gefühlen.« (Pfarrer, 30 J.)

»Die Bibel ist für mich nur das Textbuch für Bibelkritik gewesen bis jetzt. Daß das etwas mit mir und meinen Gefühlen zu tun hat, daß es mich angeht und treffen könnte, das habe ich noch nie gedacht.« (Student, 23 J.)

»Gespräche habe ich bis jetzt nur mit dem Kopf und logischen Verstand geführt. Ich merke aber, daß bei Seelsorgebesuchen die Leute ganz anders reagieren als meine Mitstudenten. Das blok-

kiert mich. Ich weiß dann nicht, was sagen. Es hat sicher etwas mit den Gefühlen zu tun, bei den Leuten und bei mir.« (Student, 21 J.)
»Es war im CPT Kurs ganz anders als in den Vorlesungen unserer anderen Lehrer. Wir sind dankbar, daß der Kurs in so heiterer, lockerer und menschlicher Atmosphäre gestaltet wurde.« (Student, 20 J.)

Diese Äußerungen sind alle am Schluß je eines Kurses gefallen. Sie sind demnach bereits eine »Frucht« des Kurses bzw. der Art, wie wir dort miteinander umgegangen sind. Wir versuchen ja nicht, dem Seelsorger eine neue »Technik« in die Hand zu geben, sondern wir probieren, ihn gewisse Dinge erleben zu lassen, die mittels der Tiefenpsychologie erkennbar, erlebbar und erlernbar geworden sind, auch wenn sie den meisten Menschen seit der Kindheit verloren gegangen oder überhaupt noch nie aufgegangen sind[14]. Daher kommt es, daß die einen in den Kursen nichts Neues zu lernen glauben – vielleicht haben sie jene Gaben von Natur aus und sie sind nie verschüttet worden. Andere bekämpfen die CPT-Kurse, weil sie Angst bekommen beim Erkennen von Dingen, die sie als unbequem, störend oder beklemmend verdrängt haben, wie die eigenen Ängste, den eigenen blinden Fleck, die Selbstgerechtigkeit oder die Selbsttäuschung im Amt. Oft aber bezeugen die Kursteilnehmer, daß sie durch die Schulung und das Erlebnis einer CPT-Woche Werte neu oder wieder entdeckt haben, die ihnen ein neues Menschsein und ein neues Pfarrersein – und vor allem ein Leben in der Einheit von beidem! – ermöglichen, so daß sich vielleicht sogar ihr theologisches Denken entscheidend verändert.

b) Die Erfahrung der eigenen Armut als positives Erlebnis

»Im Gespräch nur da sein wollen, heißt mit Gottes Präsenz rechnen. Ich habe wenig zu bringen und hoffe, daß trotzdem etwas geschieht.« (Frau, 50 J.)
»Mich bewegt das so: Als ich kam, war mir klar, »nicht-direktive Haltung« wäre richtig. Aber konkret erfahren, was das heißt, sich von dem Bild zu lösen, wo man immer meint, man könne und müsse etwas tun – das ist irgendwie Abschied und Leere ...« (Pfarrer, 40 J.)
»Hilfreich ist die Einsicht, daß es keine Schemata gibt, mit denen ich arbeiten könnte. Jeder »Fall« ist ein Fall für sich und will völlig ernst genommen sein. Die Schemata sind mir aus der Hand geschlagen.« (Pfarrer, 36 J.)

»Der Lernende ist hier kein Trottel, sondern er wird als Lernender ernst genommen.« (Pfarrer, 52 J.)
»Ich wurde bestärkt im Bestreben nach Empathie, ohne immer etwas sogenannt »Positives« herausholen oder den Patienten sogenannt »weiter bringen« zu wollen.« (Pfarrer, 54 J.)
»Als mein Supervisor im Ausland an meiner tiefsten Stelle sagte: Du hast eine gute Qualität, nämlich »to look critically at yourself«, gefiel mir das zuerst gar nicht. Aber ich merkte dann, daß er recht hatte als er beifügte: Das genügt, damit kannst du weiterarbeiten.« (Pfarrer, 50 J.)

In diesen Äußerungen von Kursteilnehmern fiel mir auf, wie eigentlich durchweg dieses Erlebnis, die Entdeckung der eigenen Armut, nachträglich als positive Erfahrung gewertet wurde. In unserer auf Leistung dressierten Umgebung kann eine solche Erfahrung für jeden Einzelnen einen entscheidenden Markstein auf seinem Wege bedeuten. Wahrscheinlich wird nur jemand, der das selbst so erfahren hat, anderen etwas von diesem Gefühl und dieser Haltung vermitteln[15].

Es wurde jedenfalls deutlich, wie sehr auch wir Pfarrer angesteckt sind von den Normen der Leistungsgesellschaft; wie sehr Geltungsstreben, Ansehen, Macht und Selbstbestätigung unsere Triebfedern sind. Wir haben vergessen, daß das Evangelium die Armen seligpreist, daß die Frucht dem Weizenkorn versprochen wird, das zu sterben bereit ist, daß Gott die Schwachen auserwählt und wir gerade, wenn wir nichts haben, »alles haben«. Vielleicht glauben wir es dem Psychologen wieder, daß die Wurzeln des Leistungsgedankens im Drang nach übermäßiger Selbstbestätigung (biblisch: Werkgerechtigkeit!) liegen, und daß dieser von unserer innersten Angst und Unsicherheit gespeist wird. Wenn die Atmosphäre in einer Gruppe oder innerhalb einer Supervisionsbeziehung es möglich macht, daß solche tiefsten Ängste aufsteigen, registriert, geäußert und ausgehalten werden können, dann beginnen oft eine Reihe von Bibelworten plötzlich so lebendig zu werden, wie es durch die beste Exegese nie geschehen wäre. Endlich zu merken, daß wir nicht erst durch unsere Leistung, sondern durch unsere bloße Existenz Wert haben vor Gott und den Menschen – das ist Grund zum Aufatmen und Neubeginnen. Jeder, der ein solches Erlebnis von einem CPT-Kurs mit nach Hause nimmt, wird den Menschen anders begegnen als vorher. Sein neues Selbstverständnis wird sich in seinem Leben, in seiner Verkündigung und Seelsorge auswirken.

c) Die Erfahrung der Gruppe und der dort geführten offenen Gespräche

»Ich gehe nicht wie oft nach einer Pfarrertagung mit »sturmem Gring« (wirrem Kopf) von all den Vorträgen und Streitereien an die Arbeit zurück, sondern befriedigt und beglückt vom Erlebnis dieser Tage.« (Pfarrer, 45 J.)

»Erfahrung und Hoffnung wurden bestätigt, daß die Gruppe der Ort sein kann, wo sich echte Gemeinschaft ereignet. Ein Ort, wo man sich aufnehmend begegnet, wo man heil sein oder werden kann, ohne seine eigene Identität zu verlieren.« (Studentin, 25 J.)

»Es war ein Erlebnis, in meinen Anliegen ernst genommen zu werden. Ich komme von vielen gegenteiligen Erfahrungen unter Pfarrern her. Die Probleme konnten überraschend offen besprochen werden.« (Pfarrer, 34 J.)

»Wichtigstes Erlebnis war für mich die offene und einfühlende Art, wie die Gruppe das Gespräch über unsere gegenseitigen Erfahrungen möglich machte.« (Pfarrer, 27 J)

»Im zweiten Gruppengespräch hat Kollege X. sein Pfarrer-Super-Ego abgelegt und mir dadurch ermöglicht, ihn emotional zu akzeptieren. Das war für mich ein großes Erlebnis.« (Pfarrer, 28 J.)

»Das Eingehen auf Persönliches und die offene gegenseitige Beurteilung und Kritik sind mir seit der Oxfordgruppenzeit nie mehr begegnet. Sie scheinen mir hilfreich und wichtig zu sein. Ich möchte das so manchem meiner gleichaltrigen Kollegen gönnen.« (Pfarrer, 55 J.)

»Wichtigstes Ergebnis des Kurses war für mich: das Wahrnehmen der Tatsache, daß es möglich ist, einer Gruppe als Ganzes zu vertrauen.« (Studentin in einer gemischten Gruppe mit Pfarrern, 20 J.)

»Gruppenerfahrung empfinde ich als gut und heilsam, verletzend und schwer zu ertragen – aber dann auch als befreiend und glücklich machend.« (Pfarrer, 42 J.)

»Man kann sich fallen lassen und wird gehalten.« (Pfarrer, 40 J.)

»Wichtig ist, daß Kontakte und sehr nahe Beziehungen möglich werden, auch wenn man dem Partner seine negativen Empfindungen mitteilt; und daß ein gutes Wort dann erst seine ganze Bedeutung bekommt, wenn es auf dem Hintergrund einer echten Begegnung steht.« (Pfarrerin, 30 J.)

»Ich konnte mich hier von meiner Pfarrer-Rolle lösen, gleichsam Freizeitkleider anziehen. Mir hilft eine immer größere Offenheit, mir selber und den andern gegenüber« (Pfarrer, 50 J.)

»Mir sind die Augen noch mehr als die Ohren aufgegangen, ich sehe jetzt mehr – den ganzen Menschen.« (Frau, Laie, 55 J.)
»Protokollbesprechungen in der Gruppe und Rollenspiele haben mir gezeigt, wie ich auf andere wirke. Es tut weh und ist doch gut, es endlich zu spüren.« (Pfarrer, 50 J.)
»Das Verarbeiten der vorkommenden Gefühlsausbrüche und Aggressionen hat mir imponiert, das war die stärkste Lernerfahrung.« (Pfarrer, 45 J.)

Dazu zwei kritische Stimmen aus einem Kurs, von dem auch die letzten beiden Beiträge stammten:

»Der Gegensatz von ermüdender Selbstquälerei und befreiender Handreichung war für mich stark. Seelsorger, die sich ungezogen zerkratzt und zerstochen hatten, wurden als freundliche Friedensboten zu den Patienten gesandt. Nach Jeremia 17 ist es aber der Herr, der das unheilvolle Herz erforscht, und nach 1Kor 4,5 ist es der Herr, der das Verborgene ans Licht bringt, nicht wir.« (Pfarrer, 55 J.)

»Ob wir als Christen unsere Aggressionen nicht auch wie der Psalmist vor dem »leeren Thron im Heiligtum« abbauen könnten?« (Pfarrer, 56 J.)

Die Gruppe hat die obige Kritik zunächst auf sich bezogen. Offenbar fühlte sich der Kritiker selbst »zerkratzt und zerstochen« und hat aus der Kritik somit nur das Negative heraushören können. Ein offenes Gespräch daraufhin ermöglichte es ihm jedoch einzugestehen, daß er von seiner Behörde geschickt und nicht aus eigenem Antrieb zum Kurs gekommen sei. Er wollte eigentlich sich und anderen beweisen, daß »am CPT nichts sei«. Er fügte dann aber hinzu, daß für ihn die Möglichkeit, all dies so offen auszusprechen, dennoch ein wertvolles Erlebnis bedeute, und seine vorherige »negative Einstellung« nun doch in Frage gestellt sei. Er verließ den Kurs sehr nachdenklich und doch mit der Gruppe versöhnt.

In der Gruppe wurde ausgesprochen, daß »der leere Thron« und »das Licht des Herrn« auch als Alibi gebraucht werden können, gerade da, wo uns als Christen die besondere Chance angeboten wird, nicht nur vor dem Herrn im Verborgenen, sondern vor Brüdern so offen zu werden, wie wir es im Licht des jüngsten Tages vor einander sein werden. Jeder Therapeut weiß, daß es ein großer Unterschied ist, ob schwierige Dinge im stillen Kämmerlein vor dem »leeren Thron« ausgesprochen werden oder vor einem

Menschen. Denn vor einem Menschen kommen in uns die genuinen Emotionen hoch; da haben wir Angst, da schämen wir uns, da ergreift uns Wut, Schmerz oder Freude mit ganzer Macht. In der Beziehung zu einem Menschen (in der »Übertragungssituation«) werden Emotionen aus anderen, früheren Situationen mit an die Oberfläche gerissen, und der ganze Mensch mit Leib, Seele und Geist, mit Vergangenheit, Gegenwart und Zukunft wird aktiviert[16]. Ich sehe in diesem Offenwerden in einer therapeutischen oder seelsorgerlichen Beziehung (oder in einer Gruppe) ein »Arrabon« (Vorzeichen, Pfand) oder eine Einübung von dem, was auf uns im Licht der Ewigkeit wartet. Wenn wir Christen es den Psychiatern überlassen, Menschen auf die Offenheit des jüngsten Tages vorzubereiten (indem das Verborgene jetzt schon so weit wie möglich in der Geborgenheit der therapeutischen Beziehung oder der Gruppe enthüllt wird), dann sind die Psychiater wohl die besseren Wegbereiter des Herrn als die sogenannten Christen, die vor den Menschen ihre Fassade aufrecht erhalten und »Friede, Friede!« rufen wollen, wo kein Friede ist. Wichtig ist jedoch das Stichwort »Geborgenheit«. Denn Offenheit kann sich nur ereignen, wo ich mich angenommen und geborgen fühle.

d) Folgen für Theologie, Seelsorge, Amt und Leben

aa) Theologie

»Ich erwarte, daß ich die Bibel jetzt noch viel mehr so lese, daß ich den menschlichen Menschen im Auge habe und nicht einen mir vorgestellten imaginären Menschen.« (Pfarrer, 35 J.)
»CPT scheint mir nicht irgendeine Theologie zu ersetzen oder überflüssig zu machen, sondern es ist wiederum Werkzeug, um das Kerygma bei den Menschen ankommen zu lassen.« (Pfarrer, 30 J.)
»Ich vermißte die Hilfe, wie man das Evangelium verbal anbringen kann. Es genügt nicht »die Insel zu umfahren«, man muß auch in den Garten hineinführen, daß der Mensch dort die Liebe Gottes schmeckt und fühlt.« (Pfarrer, 55 J.)
»Den Patienten durch Spiegeln zu begleiten und ihn dann auf der niederen Stufe der Gefühle belassen, statt ihn zur höheren Ebene der Diskussion und so zur Mündigkeit zu führen, das hat mich gestört.« (Pfarrer, 27 J.)
»Ideologisieren ist nicht wichtig. Sein ist wichtiger als Sagen; Worttheologie und Verbalisieren ist mir fraglich geworden; orthodoxe Formen können das Gegenteil bewirken von dem, was wir damit möchten; es muß gelebt sein.« (Pfarrer, 55 J.)

»Ich habe Klärung erfahren, daß Psychologie und Theologie nicht unbedingt Feinde sein müssen.« (Studentin, 20 J.)

»Der Kurs zeigte mir mit aller Deutlichkeit, daß die Theologie auch mit einer noch so ausgeklügelten sprachlichen Hermeneutik der Botschaft allein heute nicht zum Ziele kommt. Sie muß vielmehr die Menschwerdung Gottes und ihre Konsequenzen für das Verhalten der Menschen untereinander ernst nehmen und von daher ihnen zu begegnen versuchen. Der Kurs hat meinen intellektuellen Glauben heilsam verunsichert. Ich habe praktische Einsichten in die verwandten Aufgaben von Theologie und Psychologie bekommen.« (Student, 26 J.)

»Meine angestammte Theologie muß revidiert werden. Wir verließen uns auf die möglichst treue Verkündigung von Gottes Wort und rechneten damit, daß der »heilige Geist« es wirksam werden lasse. Seit zwei Jahrzehnten erleben wir aber ganz deutlich, daß es so nicht mehr geht. Seit diesem Kurs bewegt sich meine Theologie auf Jeremia 31 hin: Und niemand wird mehr den anderen lehren, sondern sie werden alle von Gott gelehrt sein.« (Pfarrer, 50 J.)

»Der Glaube, daß die Liebe Gottes als Liebe unter den Menschen erlebt wird, wurde mir bestärkt.« (Pfarrerin, 30 J.)

»Was ist in einem mit Psychologen geführten Kurs anders? Wir hätten mindestens als Pfarrer Andachten miteinander haben sollen!« (Pfarrer, 40 J.)

Dazu noch aus dem Schlußgespräch in einem Kurs, über das »Proprium der Seelsorge«:

A wirft die Frage auf: »Ist das Christliche ein Plus zum Humanum, oder eine Explikation des Humanum?« (Pfarrer, 50 J.)

B (kath. Pfarrer): »Humanismus ist heute echter als Christentum, christlicher Humanismus ist nichts qualitativ Besseres!«

C: »Wenn Gott Mensch wird und nicht ein Buch vom Himmel schickt, genügt es auch für uns nicht, nur verbal zu verkündigen; dann müssen wir den ganzen Menschen ernst nehmen.« (Pfarrer, 40 J.)

Supervisorin: Vielleicht treffen die Linien eschatologisch zusammen: Auch wer jetzt nicht bewußt bis zu »Gott« kommt, ist auf der Linie, wo er einst dort zur Ruhe gelangt. Alles was jetzt offen wird, ist dann für dort und dann bereits jetzt offen.«

D: »Jedenfalls führt Seelsorgearbeit zurück in die Reflexion der Theologie und der Schrift. Es geht um Gesetz und Evangelium und um Freiheit.« (Pfarrerin, 27 J.)

E: »Ich empfinde jedenfalls das theologische Studium, wie ich es noch erlebt habe, immer mehr als ungenügend für die Vorbereitung auf das Pfarramt.« (Pfarrer, 40 J.)

Die theologische Reflexion und Diskussion wurde in diesen Wochenkursen bewußt auf den Schluß verschoben. Die Teilnehmer sollten sich zuerst einmal in Erfahren und Erleben hineinbegeben und erst hinterher versuchen, ein wenig nachzudenken über das, was geschehen war.

Mir war es immer ein sehr starkes Erlebnis zu sehen, wie sich bereits nach einer so kurzen Zeit wie einer Woche schon so tiefe, radikale Erschütterungen anmeldeten. Das vorherrschende Gefühl am Ende eines Kurses war dann aber meistens die Dankbarkeit, an einer festgefahrenen Stelle Hilfe bekommen zu haben, einen Weg zu sehen, auf dem man mit der Bibel, der Verkündigung und Seelsorge, mit Gott, den Menschen und sich selbst weiterkommen könnte.

Kritische Auseinandersetzungen habe ich zweimal ernsthaft erlebt: das eine Mal, als unter den Kursteilnehmern zwei ältere, erfahrene Pfarrer mit stark pastoralem Habitus mit jungen Studenten zusammenprallten, für die pastoraler Habitus ein rotes Tuch war, und denen die Interessen des Partners in der Seelsorge wichtiger schienen als das Interesse der »Kirche« oder »das sogenannte Interesse Gottes an der Rettung der Seelen«. Indessen war es auch dort möglich, so miteinander zu reden, daß am Schluß beide – die älteren Pfarrer und die jungen Studenten – voneinander zu lernen bereit waren und die Begegnung als beglückend bezeichneten. »Wir haben nicht erwartet, daß die jungen Studenten sich so ernsthaft mit diesen Fragen auseinandersetzen«, erklärten die Pfarrer. Und die Studenten sagten: »Wir haben nicht gewußt, daß der seelsorgerliche Alltag des Pfarrers so problemgeladen und schwer ist im Amt.«

Ein anderes Mal schuf die offene Rebellion eines jungen, hochintellektuellen Pfarrers eine kritische Situation. Als scharfer Denker, der alles mit dem Kopf zu erledigen gewohnt war, konnte er es sich nicht leisten, die »niedere Ebene der Gefühle« als Teil des Humanum gelten zu lassen. Er fühlte sich so verunsichert und angewidert im Kurs, daß er ihn vorzeitig verließ. Auch eine – an sich wertvolle – Aussprache konnte das nicht verhindern. Wahrscheinlich wäre es nötig gewesen, daß Supervisorin und Gruppe zunächst seinen »Kopf« vorbehaltlos akzeptiert hätten, damit er sich frei und wohl gefühlt hätte zum Lernen des Neuen. Aber das

haben wir erst zu spät gemerkt, und wahrscheinlich hätte die kurze Zeit einer Woche dazu nicht ausgereicht.
Es ist klar, daß nach einer Woche die »neue Theologie« nicht schon umfassend und klar in Worte gefaßt werden kann[17]. Aber ich meine, Elemente einer »neuen Theologie« nennen zu können, so wie sie mir aus den Schlußgesprächen und den zitierten Aussagen in Erinnerung sind. Die dogmatischen Aussagen und Begriffe (Sünde, Gnade, Vergebung etc.) sind für den heutigen Menschen (auch für uns Pfarrer!) entleert und unwirksam, wenn nicht ihr Inhalt zuvor im mitmenschlichen Zusammenhang emotional wirksam, und das heißt den ganzen Menschen ergreifend erfahren wird. Diese Erfahrung muß auch den Bereich des Unbewußten und Verdrängten einschließen, und dazu brauchen wir die Erkenntnisse der Tiefenpsychologie. Wir brauchen Kenntnis der Mechanismen von Verdrängung und Verschiebung, von Übertragung und Gegenübertragung. Wir müssen etwas wissen von Ich und Selbst, Über-Ich und Es, von Individuation, von Schatten, Animus und Anima, von den Archetypen. Wir sollten Grundkenntnisse von Neurosen und Psychosen besitzen, sei es auch nur, um unterscheiden zu können, was in unsere seelsorgerliche Kompetenz fällt und wen wir dem Psychiater überweisen müssen. Wir brauchen auch dringend die Kenntnis der elementaren Regeln des gruppendynamischen Geschehens, und vor allem gezielte Einübung in die empathische Gesprächsführung. Die Psychologie, die uns diese notwendigen Kenntnisse über den Menschen vermitteln kann, ist wohl kaum mehr nur »ancilla theologiae«, wie es früher hieß. Sie sollte mehr und mehr als integraler Bestandteil der Theologie anerkannt werden[18].
Denn wenn der Mensch Gott so wichtig ist, daß er sich uns in einem Menschen offenbart, dann sollte der Mensch auch uns – auch und gerade in der Theologie! – ebenso wichtig sein. Wenn Gott zuläßt, daß wir uns zur Gotteserkenntnis unserer Sinne, unseres Geistes und Gemütes bedienen, dann ist es doch wohl angebracht, daß wir das Funktionieren dieser Sinne, dieses Geistes und Gemütes zusammen mit den seelischen Gesetzen und Reaktionsweisen genau studieren und als das subjektive Moment beim Thema »Gotteserkenntnis« mit bedenken[19].
Es wurde allerdings immer wieder klar, daß die Schwierigkeit mit der Psychologie darin besteht, daß uns so viele verschiedene Modelle angeboten werden. Es wird von uns von vornherein ein Prozeß der Unterscheidung verlangt, der gründliche Information zur Voraussetzung hat[20]. Bei welcher psychologischen Richtung

der Einzelne dann schließlich stehen bleibt, hängt wiederum stark mit seiner eigenen Lebensgeschichte und Erfahrung zusammen[21]. Andererseits wurde gerade dieses »Stehenbleiben« selbst wieder als Problem empfunden, sowohl im Bezug auf die Theologie wie die Psychologie. Gott selbst ruft ja in der Bibel immer wieder Menschen aus den bestehenden Strukturen und eigenen Konstruktionen heraus. Er schlägt ihnen immer wieder die eigenen Maßstäbe aus der Hand und führt sie auf einen Weg, auf dem er selbst ihnen zur Mitte, zum Ziel und so zum Garanten ihrer (eschatologischen) Einheit wird. Abraham wäre da zu nennen, die Propheten, Paulus und vor allem Jesus selbst, der sich als DEN Weg bezeichnet hat. So wäre es entscheidend wichtig, daß wir – gerade als Seelsorger – nicht bei einer theologischen oder psychologischen Richtung »stehen bleiben«, sondern uns das »Unterwegs-Sein« gefallen lassen[22]!

In den Schlußgesprächen unserer Kursgruppen wurde jedenfalls immer wieder betont, wie befreiend es ist, wenn wir unsere »Theologien« nicht mehr so sakrosankt behandeln müssen, sondern zurückfragen können danach, worauf sie (unter anderem) auch beruhen, nach dem, was wir damit vielleicht verbergen oder offenbaren von unseren tiefsten Ängsten, Sehnsüchten, Aggressionen, Problemen und Wünschen[23]. So haben wir etwa das Streitgespräch unter Theologen samt ihrer »rabies« hinterfragt nach unseren ganz persönlichen Emotionen, die mit Gott und der Theologie oft genug nur noch insoweit zu tun haben, als die Geduld Gottes es uns (noch) erlaubt, zu leben, Theologie zu treiben und Pfarrer zu sein – wobei wir das immer noch besser lernen möchten!

bb) Mut zur Seelsorge

»*Ich merke, Seelsorge ist lernbar, kritisierbar, sie lebt von und in der Kommunikation, es braucht auch Seelsorge am Seelsorger – all dies ermöglichte dieser Kurs.*« (Pfarrerin, 32 J.)
»*Ich habe jetzt mehr Mut, meine Gefühle einzusetzen.*« (Pfarrer, 50 J.)
»*Ich bin froh, jetzt besser zu wissen, wie ich den leidenden Mitmenschen meine Solidarität zu spüren geben kann.*« (Studentin, 25 J.)
»*Ich habe ein bestärktes Gefühl, andere Menschen meinen Glauben merken zu lassen, ohne den Verdacht zu erwecken, daß ich sie bekehren will. Seelsorge ist nicht einfach ›Mission‹.*« (Studentin, 25 J.)

»Mir sagte nach einem langen, nicht ›religiösen‹ Gespräch ein Patient: ›Ich glaube jetzt habe ich etwas von Christus begriffen, weil Sie so mit mir geredet haben.‹ Das war für mich eine blitzartige Erkenntnis.« (Student, 30 J.)
»Ich habe gelernt, den Mitmenschen ganz ernst zu nehmen, bebesonders in seinen Gefühlen und in dem, was er eigentlich sagen möchte und vielleicht nicht sagen kann. Ich kann und darf dem Mitmenschen Werkzeug sein, damit er seine problembeladenen Gefühle aussprechen kann. Dabei ist mir bewußter geworden, daß ich zu seiner Seele noch mehr Sorge tragen muß, seine Sorgen und Nöte noch ernster nehmen und die Befreiung durch das Evangelium ihm noch deutlicher zu spüren geben sollte. Die ganze Beziehung Gott–Mensch wurde bei mir vertieft und verfeinert.« (Pfarrer, 45 J.)
»Ich bin befreit worden vom Zwangshabitus der Bibellektüre mit Seelsorgepartnern, ich bin froh, daß man auch nonverbal Annahme bezeugen kann.« (Laie, Frau, 55 J.)
»Ich wurde bestärkt im Bestreben der Empathie, ohne immer etwas sogenannt ›Positives‹ herausholen oder den Patienten sogenannt ›weiter bringen‹ zu wollen.« (Pfarrer, 55 J.)

Auffallend ist, wie – mit verschwindend wenigen Ausnahmen – die im Amt stehenden Pfarrer bekannten, daß die Forderung, im seelsorgerlichen Gespräch die Bibel aufzuschlagen und die großen biblischen Worte gebrauchen zu müssen, als schwere Last und Hemmung für die gute Kommunikation erfahren wird. Von daher ist das Aufatmen und die Befreiung zu erklären, die mit der Erfahrung erlebt wurden, daß es noch andere Wege gibt, um den Inhalt des Evangeliums an die Menschen heranzubringen. Es ist natürlich zu sagen, daß vor allem diejenigen Pfarrer einen CPT-Kurs besuchen, die bereits genug »Leidensdruck« empfinden, um neue Wege zu erproben. Diejenigen, die nicht aus eigenem Antrieb gekommen waren, sondern auf Druck irgendeiner Behörde oder um sich und andern zu beweisen, daß man das CPT nicht ernst nehmen müsse, konnten meist genau an diesem Punkt nicht mehr mitgehen. Nach der alten »Methode« sind die Pfarrer es mehr oder weniger gewohnt, als die »beati possidentes« aus dem Schatz der Bibel Rat und Hilfe auszuteilen, ohne daß sie selbst sich mit ihrem Gefühl hineingeben in die seelsorgerliche Beziehung. (Daß es priesterliche Pfarrergestalten gibt, die mit Herz und Seele ihre Bibel an den Mann bringen, sei nicht bestritten. Nur ist der »Erfolg« wahrscheinlich mehr dem Anteil von »Herz und

Seele« dabei zu verdanken als den heute oft so unverständlichen biblischen Worten[24]!)

Als ich in einer Kommission diese neue Art von Seelsorgeverständnis mit Beispielen dargelegt hatte, sagte ein kirchliches Oberhaupt mit spürbarer Besorgnis: »Das ist ja ganz schön, was da auf der menschlichen Ebene geschieht. Aber wir meinen immer noch, daß in der Seelsorge doch etwas von *Gott,* vom heiligen Geist her passieren sollte.« Ich konnte darauf nur schlicht sagen: »Wenn sich auf der menschlichen Ebene etwas wirklich Echtes ereignet, dann ist der heilige Geist bereits dabei. Denn das ist doch das Ziel Gottes mit uns: daß wir menschlich werden, und daß das Leben menschlich wird. Wir sollen *Menschen* werden, nicht irgendwie fromme Heilige oder übermenschliche Engel.«

Hier scheint mir in der Tat der Eckstein des neuen Verständnisses von Seelsorge zu liegen. Wenn wir hier ein absolutes Entweder-Oder aufstellen – entweder kommt Gott zu seinem Recht, oder der Mensch – dann werden wir immer am wirklichen, biblischen Gott und am wirklichen Menschen vorbeireden. Für mein Empfinden hat hier Karl Barth die richtige Spur gefunden, wenn er ausführt, daß in Jesus Christus das Recht Gottes und das Recht des Menschen zusammengekommen sind[25]. Gott kommt nur dann »auf seine Rechnung«, wenn der Mensch zu seinem Recht kommt. Der Mensch kommt »auf seine Rechnung«, wenn er mit diesem Gott zusammensein und so Mensch sein darf. Gott ist nicht ein Tyrann, der Menschenopfer fordert, um seinen eigenen Machthunger zu stillen. Er braucht das nicht. Er will, daß der Mensch lebt. Dazu dient sein Gebot, sein Angebot und vor allem seine Präsenz in Jesus Christus. Nicht Gott muß zufriedengestellt werden, indem er möglichst viele unmündige Sklaven bekommt, oder indem Menschen unter Drohung und Strafangst vor ihn geschleppt werden. Sondern sein Ziel ist, daß die Menschen *gerne* Menschen sein, gerne mit anderen Menschen und mit Gott zusammensein möchten; daß sie aufatmen, leben, loben und danken können. Dazu aber müssen sich die meisten Menschen zuerst einmal öffnen, sie müssen auch klagen, schimpfen, ihre Last und Not herausschreien dürfen. Vielleicht kommen wir im Einzelfall in der Seelsorge nicht über Klagen und Schimpfen hinaus, so daß wir zunächst einmal das entgegennehmen und stehenlassen müssen. Aber dies ist die Voraussetzung dafür, daß ein Mensch – vielleicht noch in diesem Leben, sicher aber einst im Angesicht Gottes in der Ewigkeit – zum Danken und Loben kommt.

Das »Proprium der Seelsorge« könnte entscheidend damit zu tun haben, daß wir die Menschen unterwegs sehen auf das Angesicht Gottes hin, daß wir sie auf diesem Weg begleiten und für sie oder mit ihnen nach vorwärts blicken, für sie und mit ihnen – jetzt schon und einst ganz gewiß – in das Lob und den Dank derer einstimmen, die IHN als Anfang, Mitte und Ziel kennen[26].

cc) Amt und Leben

»Ich sehe, daß offene Gespräche in unserem Pfarrkonvent sehr, sehr nötig wären und hoffe, daß ich jetzt weiß, wie wichtig sie sind, so daß ich in dieser Richtung etwas zu unternehmen wage.« (Pfarrer, 40 J.)

Dieser Pfarrer war im Gruppengespräch von einem Kollegen heftig angegriffen worden. Im Gespräch stellte sich heraus, daß jener am Abend vorher eine ungute Begegnung mit einem Gemeindeglied gehabt hatte und nun Aggressionen, die eigentlich jenem Gemeindeglied galten, an dem Kollegen abreagierte. Es war für die ganze Gruppe sehr erhellend, diese Verschiebung von Emotionen mit zu erleben. Es löste sehr viele Erinnerungen an ähnliche Ereignisse in Kollegenkreisen und in der Familie aus.

»Ob sich wohl jetzt das Verhältnis zum Ehepartner ändert? Denn nach dem Durchschauen einiger innerer Mechanismen sollte es möglich sein, jetzt mehr Gefühle offen auszusprechen, die sich bisher in versteckter Aggression oder Depression geäußert oder eben nicht nach außen geäußert haben.« (Pfarrer, 30 J.)

Von vielen Äußerungen im Gespräch sind nur diese beiden schriftlich festgehalten worden. Aber sie deuten die beiden Richtungen an, in denen die Erfahrung des Kurses auch außerhalb der eigentlichen Seelsorgearbeit sich auswirken kann: Kollegenkreis und Familie.

Nach meiner Erfahrung allerdings nützen Vorsätze und guter Wille noch nichts, um Verhältnisse zu ändern. Nur ein Mensch, der sich selbst geändert hat, kann da wirksam werden. Sich selbst zu ändern erfordert aber viel Zeit. Nicht umsonst gibt eine so erfahrene Gruppendynamikerin wie Ruth Cohn den Besuchern eines Wochenkurses den dringenden Rat mit, vorerst zu Hause gar nichts ändern zu wollen, sondern an sich selber weiter zu arbeiten.

Es braucht in einem Kollegenkreis sicher mehr als einen einzelnen, der bereit und erfahren genug ist, eine neue Art der Kommunikation einzuführen. Wenn in der Ehe der Mann vom Kurs zurück-

kommt und sich plötzlich Gefühlsausbrüche gestattet, die seine Frau zu Tode erschrecken – dann ist sicher nichts erreicht. So haben denn auch einmal die Ehefrauen der Pfarrer, die einen CPT-Kurs besucht hatten, aus diesem Erschrecken heraus um einen Weekend-Einführungskurs für sich gebeten. Am Schluß konnten sie sagen: »Doch, jetzt verstehen wir ein wenig, was unsere Ehemänner erlebt haben. Wir können jetzt besser versuchen, ein wenig mitzugehen auf dem Weg, wo sie sich engagiert haben.«
Jedenfalls ist es eine Illusion zu meinen, man könne mit dem Erzählen dessen, was man in CPT-Kursen erlebt hat, andere beglücken. Man erschreckt sie meistens. Es braucht die eigene Erfahrung, das Erlebnis der Gruppe vor allem, um wirksam werden zu lassen, was man mit bloßen Worten allein nicht beschreiben kann.

e) Anhang: Abgrenzung des CPT-Modells gegen andere gruppendynamische Versuche

Wir halten zur Zeit das CPT-Modell – obwohl es auch in Wandlung begriffen ist und je nach Land und Leuten verschiedene Ausprägungen erfährt – für den besten Weg, um dem Pfarrer zu helfen, seine Funktionen wahrzunehmen, sich selbst und seine Rolle zu verstehen und seine Möglichkeiten besser auszunützen. Andere gruppendynamische Experimente, die heute mehr und mehr auch von Pfarrern besucht werden, scheinen diesem Ziel nicht im gleichen Maße zu dienen. Ich möchte versuchen, diejenigen Modelle, die ich selbst praktisch kennengelernt habe, einer kritischen Prüfung zu unterziehen daraufhin, inwiefern sie geeignet sind, die Ziele verwirklichen zu helfen, die wir im CPT verfolgen[27].

1. Selbsterfahrungsgruppen, Sensitivity-Training: Die Fähigkeit zur Selbst- und Fremdwahrnehmung wird dort gefördert. Aber m. E. wird jener kleine Schritt von der Selbst-erfahrung zur Verwertung in der empathischen Gesprächsbeziehung nicht eingeübt. Im CPT findet diese Einübung in winzigen Schritten statt durch die Analyse der Gesprächsprotokolle. Wir versuchen dort herauszufinden, was »die zweite Schrift«, die eigentliche Gefühlsaussage hinter den Worten des andern sein könnte: Ob die Antworten des Pfarrers im Gespräch diese »zweite Schrift« berücksichtigen, oder ob sie an der Oberfläche der gesprochenen Worte bleiben; ob er dem Partner Hand bietet, mit seinem Gefühl noch mehr herauszukommen, oder ob er ihn hindert, zurückdrängt, überfährt oder

verurteilt. Wenn ein Mensch Vertrauen gewinnen und sich im Gespräch frei äußern können soll, dann sind diese sehr feinen Reaktionen wichtig. Sensitivity-Training und Selbsterfahrungsgruppe kann helfen, Hemmungen zu beseitigen, eigene und fremde Gefühle bewußt zu erleben, Kritik annehmen zu lernen. Aber all dies im Gespräch dann für den andern nutzbringend zu verwerten, das will nach meiner Erfahrung in kleinen Schritten sorgfältig unter Anweisung und Kontrolle gelernt sein[27a].

2. *Therapeutische Gruppen:* Gestalt-Therapie, Schrei-Therapie, bio-energetische und nonverbale kommunikative Übungen, Transaktionsanalyse etc. In all diesen therapeutischen Gruppen wird das »hier und jetzt« sehr ernst genommen und der Mensch bei seiner augenblicklichen Gemütsverfassung behaftet. Wenn aber dahinter – vor allem beim Therapeuten – nicht ein Menschenbild steht, das am Modell Jesus Christus orientiert ist, indem es die Haltung der bedingungslosen Annahme und großen Barmherzigkeit einschließt, dann kann solche Therapie auch vergewaltigen und die Entwicklung zum echten Menschsein bremsen. Es kann zur Sensationsbefriedigung, zur Sucht nach immer neuen Kurserlebnissen kommen, wenn der Teilnehmer nicht auf die Spur dessen gesetzt wird, was er noch werden kann im Licht einer letzten Menschlichkeit in Freiheit und Verantwortlichkeit.

Wenn im CPT zuweilen Elemente von Gestalttherapie, bioenergetischen Übungen, aktiver Imagination, Rollenspiel, Psychodrama etc. benutzt werden, dann, um dem Einzelnen in seinem Integrationsprozeß Hilfe zu leisten, und nicht weil es Mode ist oder die Teilnehmer anzieht. Es geht je und je in diesem Moment mit diesem Menschen oder dieser Gruppe so und nicht anders am besten weiter. Wir sind auf einem Weg miteinander, und es handelt sich darum, das Tempo, die Gangart, die Haltung und Art zu finden, die jedem hilft, seinen eigenen Pfad weiter zu suchen und dabei mehr und mehr zu entdecken, wer er ist, was in ihm ist, wer er noch werden und wie er für die anderen noch besser da sein kann[27b].

3. *Regeln der Gesprächsführung und der Gruppendynamik:* Sie scheinen mir gefährlich dort, wo sie nicht in der Hand eines Leiters gebraucht werden, der dabei mindestens auf dem Wege ist, auch sich selbst besser zu entdecken und kennenzulernen. Denn wo dieser Weg nicht beschritten wird, wo die Anwendung solcher Regeln nicht im Dienst von »mehr Mensch werden« steht (und vielleicht nur als »Technik« aus Büchern gelernt worden ist), da exi-

stiert die Gefahr, daß jede Gesprächsführungstechnik und gruppendynamische Gewandtheit zu einem Mittel der Beherrschung anderer, zur autoritären Überheblichkeit, ja sadistischen Quälerei ausartet[27c].

Wir möchten darum im CPT beides verbinden: den Aspekt der persönlichen Weiterentwicklung, der Hilfe zur Selbst- und Gruppenerfahrung, um »mehr Mensch zu werden«, und zugleich den der ernsthaften Einübung in kleinsten technischen Schritten, die als solides Handwerkzeug dem Dienst in der neuen Haltung dann auch äußere Struktur geben können.

Es ist klar, daß einwöchige Einführungskurse hier höchstens eine Art »Schnupperlehre« sein können. Zur fortdauernden Selbsterkenntnis und zum kontinuierlichen Gruppenprozeß, in dem ich mich selber wandeln kann, zum gründlichen Einüben auch der technischen Anweisungen braucht es längere Zeitspannen. Dafür stehen im CPT dann die sechs- und zwölfwöchigen Kurse und vor allem auch das Angebot der Supervision bereit, von dem nun noch die Rede sein soll.

3. Äußerungen und Erlebnisse von Supervisanden über größere Zeitspannen

Unter Supervision wird hier eine Art »Kontrolle« des eigenen Weges durch einen Menschen verstanden, der diesen Weg ebenfalls geht und schon ein Stück weiter ist; der deshalb ein wenig mehr Überblick hat und aufmerksam machen kann auf das, was ich im Augenblick selbst noch nicht bemerke. Ein Student oder Pfarrer – oder eine Gruppe – kann also einen ausgebildeten Supervisor anfragen, um mit ihm einen »Vertrag« einzugehen für eine gewisse Zeit, während der sich der Supervisand verpflichtet, regelmäßig Gesprächsprotokolle oder Predigtmanuskripte und Fallberichte aus seiner Arbeit einzubringen, um daran zu lernen, wie weit er in der empathisch verstehenden Haltung gekommen ist. Er wird merken, wie weit eigene »Störsender« und Probleme ihn noch hindern, wie weit er dem andern wirklich nahe sein kann, ohne sich mit ihm zu identifizieren, und wie weit er Distanz halten kann, ohne den anderen loszulassen. (Die seelsorgerliche Schweigepflicht bleibt selbstverständlich gewahrt, indem persönliche Angaben weggelassen oder verändert werden.)

Die Ausbildung und Auswahl der Supervisoren wird darum mit besonderer Sorgfalt gehandhabt. Es wird Wert gelegt auf ein gewisses Maß von persönlicher Integration und Reife im Sinne von »Unterwegssein«. Ferner wird die Beherrschung des Handwerks auch von der technischen Seite her verlangt. Vor allem muß ein Supervisor den Partner gelten lassen, ihm Mut machen und ihn so ein Stück echte menschliche Beziehung erleben lassen können. Oberstes Gebot im Blick auf die Supervisanden ist einerseits das »nil nocere« (nicht schaden), und andererseits die Hilfestellung dazu, daß der Supervisand einen Weg zu seiner ganz individuellen Zukunft findet, so daß er mit allem, was er ist und hat, maximal wachsen und umgehen kann.

In der biblischen Sprache würde der Dienst des Supervisors umschrieben etwa mit Ausdrücken wie »die Gaben erwecken, die in jemandem sind« (1Tim 1,6), die »Heiligen ertüchtigen zum Dienst« und ihnen helfen, daß sie »heranwachsen zum Bilde Christi« (Eph 4,12ff).

Sicher gibt es kein allein gültiges, geschweige denn allein seligmachendes Modell für eine solche Seelsorge-Ausbildung. Aber wenn es um jenes Heranwachsen zum Erwachsensein in Christus, zur Ertüchtigung zum Dienst an den anderen geht, dann ist nach meiner Erfahrung das, was ich im CPT und in der Supervisorenausbildung (in Holland) erlebt habe, wohl dazu angetan, einem Pfarrer hier weiter zu helfen.

Ich möchte im Folgenden zeigen, wie einige Supervisanden ihren Lernprozeß erfahren haben. Sie nahmen alle an einem Lernpraktikum bei einem Gemeindepfarrer teil und kamen während sechs bis zwölf Monaten regelmäßig zu ein bis zwei Sitzungen wöchentlich zu mir in die Supervision. Ich hoffe, daß auch hier etwas deutlich wird von der theologischen Relevanz der auf psychologischer Basis gründenden Interaktionen und Interventionen.

a) Perfektionistischer Leistungsdrang (»Werkgerechtigkeit«)

Supervisand A sagt in der dritten Sitzung:

A: *Ich habe so Mühe, Protokolle von Seelsorgegesprächen zu bringen. Ich möchte doch etwas Gutes liefern und Ihnen Freude machen, aber es gelingt mir so wenig.«*

Sup.: *»Ich finde das schön, daß Sie sich so Mühe geben. Aber in erster Linie sind Sie zum Lernen da. Lernen heißt: Fehler machen, Unvollkommenes bringen dürfen. Das ist eine privilegierte Situation. Sie dürfen Fehler machen. Sie müssen jetzt einmal nicht schon alles können. An Fehlern lernen Sie sogar am meisten.«*

A (erleichtert): »*Ja, wenn das so ist, fällt mir ein Stein vom Herzen. Bin ich zu perfektionistisch gewesen? Wenn es um Lernen geht und »Fehler machen« gestattet ist – dann geht alles viel besser.*«

Supervisand B sagt in der Schlußevaluation: »*Es war angenehm, daß ich nicht immer etwas Gutes bieten mußte. Es durfte auch einmal schlecht sein. Wohltuend war die Geduld im Zuhören und im Ermutigen.*«

Supervisand C: »*Ich durfte so sein wie ich bin in der Supervision, ich mußte nie mehr bringen, sein oder leisten als es im Moment möglich war. So habe ich irgendwie etwas gefühlt und erlebt von dem, was Gnade, Rechtfertigung, Erlösung und Hoffnung bedeutet. Wenn so etwas an menschlicher Beziehung möglich ist, wo man sich so frei läßt und doch die Hoffnung auf Änderung und Entwicklung zu spüren bekommt, dann werden jene alten Begriffe plötzlich lebendig.*«

Diese drei Menschen haben existentiell gelernt, daß man nicht »aus Verdienst«, sondern so, wie man ist, aufgenommen werden kann. Sie haben das in der Folge in ihren Seelsorge-Gesprächen so anwenden können, daß sie auch den Patienten den Eindruck vermittelten, sie seien so, wie sie sind, angenommen und wert. (Vgl. Anm. 15)

Supervisandin D bringt ein Predigtmanuskript zu Klagelieder 3,22. Sie gibt als Skopus der Predigt an: Klagen und die Not aussprechen öffnet das Herz für Neues. Die Predigt hält sich denn auch an dieses Programm; indessen mache ich sie am Ende darauf aufmerksam, daß im Text auch davon die Rede sei, daß Gott »treu« sei und es die Gnade und Geduld Gottes und darum eine neue Hoffnung gebe. Darauf sagt sie:

D: »*Das kann ich selber noch nicht unterschreiben, ich habe das noch nicht erfahren und getraue mich darum nicht, es der Gemeinde zu sagen.*«

Sup: »*Du meinst, du kannst in der Predigt nur das sagen, was du selber erfahren und erprobt hast?*«

D: »*Ja, sonst ist es nicht ehrlich.*«

Sup: »*Das respektiere ich. Nur wird dann das, was du predigen kannst, im Umfang sehr reduziert.*«

D: »*Das sehe ich auch, aber wie kann ich es ändern?*«

Sup: »*Wäre es eine Möglichkeit, Predigen zu verstehen als gemeinsames Hören auf das, was ein biblischer Zeuge berichtet, fühlt, erlebt? Einfach das herausschälen und hinstellen – vielleicht sogar mit dem Geständnis: für mich ist das noch nicht*

greifbar, aber vielleicht könnt ihr Hörer damit etwas anfangen?«
D (denkt nach, leuchtet plötzlich auf): »*Doch, das ist eine Möglichkeit. Dann müßte ich nicht immer sagen: Ich weiß, und ich kenne das. Sondern ich könnte mich berufen auf den biblischen Zeugen und sagen: Das habe ich da herausgehört und möchte mit euch prüfen, was es mir sagt und ob es stimmt ... Das ist eine Entlastung. Dann ist das Predigen viel schöner und interessanter.*«
Sup: »*Ja, und vielleicht wäre das etwas in der Richtung dessen, was »Communio Sanctorum« meint: so ein gemeinsames Hören und Horchen? So eine Art neues Modell für die Gemeinde?*«
D. hat ihre folgenden Predigten so gestaltet, daß sie sich wirklich hineingewagt hat in dieses Abenteuer: genau hin zu horchen was ein Text sagt und es für die Hörer herauszustellen. Das hat ihr Freude gemacht, sie ist dabei selbst sichtlich weitergekommen, und es hat bei den Hörern auch Eindruck hinterlassen.

b) Die Beziehung zum Supervisor als Modell des Lernens

Im Blick auf die angeführten Beispiele könnte überlegt werden, ob dem übertriebenen Leistungszwang beim Supervisanden nicht ein übertrieben fordernder, wenig akzeptierender Supervisor entspricht. Ich meine, daß es für die obigen Beispiele nicht unbedingt zutrifft, möchte aber jetzt zwei Fälle anführen, wo eine Fehlhaltung des Supervisors zum Lernmaterial werden konnte.
Supervisand E tritt sehr selbstsicher und fordernd auf. Er möchte mit der Supervisorin eine »Partnerbeziehung« haben, hält sich dann aber nicht an die Abmachungen und kommt zu spät in die Sitzungen. Ich versuche, als Supervisorin zunächst einige Sitzungen lang gleichmäßig geduldig und freundlich zu sein. Aber ich spüre, daß es zu einer latenten Kampfsituation kommt, wenn der Konflikt nicht offen ausgetragen wird. Er kann bereits keine Kritik mehr annehmen und will das Heft selbst in der Hand haben. Mein latenter Ärger macht die Sache nicht besser. Endlich gelingt es mir, ihm zu Anfang einer Stunde offen und einfach zu sagen: »Es ärgert mich, wenn Du zu spät kommst. Was löst das bei Dir aus, wenn ich Dir das sage?«
Daraufhin ist er betroffen und kann dann aussprechen, daß er Angst hat, nicht angenommen zu werden, daß er sich darum um Anpassung bemüht und nicht frei ist, Veränderung bei sich ge-

schehen zu lassen. Unterschwellig wehrt er sich gegen mich und kommt darum immer zu spät. Er erkennt jedoch an, daß ich versuche, die Partnerschaft, die seine frei gewählte Basis ist, ernst zu nehmen, indem ich ihm meine Gefühle so offen sage. So bekommt er Mut, auch sich selbst als Partner ernst zu nehmen. Da sich für ihn Theologie zunächst nur in der zwischenmenschlichen Beziehung ereignet, ist dieses Erlebnis wichtig und hat ihn weitergeführt. Die Atmosphäre war von Stund an entspannt, und er kam auch nicht mehr zu spät.

Was war geschehen? Ich hatte mich bluffen lassen von seiner Selbstsicherheit und dagegen wohl eine Abwehr aufgebaut. Diese wiederum hat in ihm das Gefühl der Unterlegenheit geweckt und Widerstand bei ihm mobilisiert. Erst als ich meine Mauer durchbrechen und auf der Gefühlsebene offen zu ihm sein konnte, da wurde auch er fähig, hinter seinem Wall hervorzukommen.

Biblisch gesehen ging es darum, den andern »höher zu achten als mich selbst«, das heißt konkret: ihn dessen für wert zu achten, daß ich ihm meine Gefühle – auch die nicht »salonfähigen«! – gestehe und ihn so als ebenbürtigen Partner ernst nehme.

Supervisand F bringt das Protokoll eines Gesprächs mit einem Anstaltsinsassen, das er sehr autoritär inquisitorisch führte, ohne zuerst den Boden zum Vertrauen zu legen. Ich identifiziere mich mit dem Insassen und übe heftige Kritik am Supervisanden, mit dem Erfolg, daß F. völlig mutlos wird und resigniert bemerkt:

F: *»Ich merke, ich mache vieles falsch ... Letztes Mal fühlte ich mich ganz zusammengestaucht. Ich hatte Herzklopfen und konnte gar nichts mehr sagen. Das habe ich zwar auch sonst manchmal. Aber hier ist es jetzt ganz besonders so.«*

Sup: *»Es tut mir leid, wenn Sie sich überfahren fühlen. Ich habe mir wohl zu sehr imponieren lassen, als Sie sagten, Sie hätten psychologische Erfahrung und wirkten hier als »Assistent« in der Anstalt. Ich habe meinerseits versäumt, zuerst den Boden zu legen zum Vertrauen bei Ihnen. Fühlen Sie sich angenommen bei mir?«*

F: *»Nein, eigentlich nicht. Ich fühlte mich kritisiert, vernichtet. Sie haben als Autorität von oben herab geredet, kalte sachliche Kritik ohne warmen Strom. Das ist zwar auch von meiner Seite zu erklären, denn ich habe Schwierigkeiten mit allen Autoritätspersonen, ich laß mir auch imponieren.«*

Sup: *»Möchten Sie hier weitermachen?«*

F: *»Doch ja. Ich habe mir überlegt, ich habe doch viel gelernt hier. Vorher glaubte ich Clinebell, daß man Leute mit schwachem*

Gewissen konfrontieren und nicht mit »Spiegeln« behandeln müsse. Jetzt habe ich kapiert, daß man zuerst den Boden schaffen muß, emotional, wenn man konfrontieren möchte. Jetzt habe ich das Gefühl, mit dieser Theorie im Rücken kann ich es mir leisten, einfach abzuhören, zu spiegeln ohne immer zu meinen, ich müsse »etwas machen«. Ich möchte es gern weiter ausprobieren.«

Sup: »Also wenn ich recht verstehe, haben Sie an meinem Verhalten genau das selber erfahren, was die Insassen bei Ihnen erfahren haben? Daß Sie überfahren wurden, bevor der emotionelle Boden gelegt und die Brücke zum Vertrauen geschlagen war?«

F: »Ja, eigentlich ist es schon so.«

Sup: »Das war hart für Sie. Und ich merke mir, was mich angeht. Wenn Sie jetzt sagen können, Sie haben dadurch etwas gelernt und gemerkt, dann ist es wenigstens nicht einfach negativ.«

F: »Doch, das sehe ich durchaus. Und wissen Sie, ich habe eben das Autoritätsproblem. Das ist mir in den letzten Wochen aufgegangen. Es sind vier Bezugspunkte, wo ich es gemerkt habe ...«

Sup: »Möchten Sie davon reden?«

F: »Ja ...«

Das negative Erlebnis mit mir wurde der Startpunkt für eine gute, vertrauensvolle Beziehung, in welcher der Supervisand seine Lebens- und Eheproblematik ausbreiten und ein wenig aufarbeiten konnte. Sein theologisches Denken veränderte sich dementsprechend mitsamt seinem Amtsverständnis. Vorher hatte er mit aller Gewalt nicht als »Pfarrer« auftreten und die Wirkung dieses Rollenbildes auf seine Partner nicht wahrhaben wollen. Er wollte »rein menschliche Gespräche« mit den Anstaltsinsassen führen. In dem Maße, wie er seine eigene Autoritätsproblematik anging, konnte er zu seiner Rolle stehen und einberechnen, daß sein Verhalten vom Gegenüber mit seinem letzten »Auftraggeber« in Zusammenhang gebracht wurde. Er verlor die Angst vor dieser »Last« in dem Maße, wie er sich als Mensch den Emotionen der anderen und den eigenen Gefühlen zu stellen lernte, und er merkte, daß im Fließen des Stromes von Mensch zu Mensch bereits sehr Entscheidendes geschehen kann. Um sich selbst zu testen und zu üben, meldete er sich auf eine Station mit zum Teil völlig abgebauten, senilen Patienten und hat dort mit der Zeit eine echte Gabe entwickelt, sich ihnen nonverbal so zu widmen, daß sie aufstrahlten, wenn er kam. Während er es anfangs vermieden hatte, auf Gefühle der Partner einzugehen und diese stets durch Informationsfragen oder intellektuelle Deutungen abbremste, erkannte er seinen »Störsender« immer besser. So wie er sich seine eigenen Gefühle eingestehen konnte, wurde er fähig, die der anderen auszuhalten und damit umgehen zu lernen.

c) Umgang mit Machtproblematik

Die meisten der bisher angeführten Beispiele könnten auch unter dem Stichwort »Machtproblematik« eingereiht werden. So, wie der Supervisand die Situation mit dem Klienten »in der Hand behalten« und sich nicht ohnmächtig fühlen möchte, so möchte er auch dem Supervisor gegenüber der sein, der schon etwas ist und kann. Wenn der Supervisor dieses »Spiel« ebenfalls spielt – indem es auch bei ihm noch um Macht und Autorität geht –, dann entsteht ein Kampf, der später in der Arbeit des Pfarrers seine unheilvolle Fortsetzung haben wird.
Ich habe die Situation zuweilen deshalb als besonders problematisch empfunden, weil paradoxerweise Studenten, die aus der antiautoritären Welle heraus von vornherein jede (auch jede sachlich begründete) Autorität ablehnten, sich dann ihren Klienten im Seelsorgegespräch (und dann natürlich auch dem Supervisor) gegenüber ausgesprochen autoritär gebärdeten. Hier auf den Kampf einzugehen lag – auf der emotionalen Ebene – als Versuchung manchmal nahe. Die bessere Lösung ist jedoch, gerade dann den Supervisanden als Lernenden ernst zu nehmen, ihn bei seiner Partnerrolle zu behaften und innerhalb des »Lernvertrages« sich die eigene sachlich begründete Autorität nicht verleiden zu lassen. Jedenfalls ist der Umgang mit der Machtproblematik nach meiner Erfahrung für den Supervisor oder Gruppenleiter eine Frage von »Sein oder Nichtsein«. Ich habe das einmal sehr »existentiell« erfahren in einer CPT-Gruppe von Pfarrern und Studenten. Zwei Studenten rebellierten in der zweiten Sitzung: »Wir finden die Leitung autoritär, wir sind der Ansicht, die Leitung sollte unter den Teilnehmern abwechseln.« Zum Glück war es mir – nach einer kurzen Schocksekunde! – gegeben, ruhig zu antworten: »Die Leitung bleibt bei mir. Aber ich schlage vor, daß jeder der Reihe nach offen ausspricht, wie er die Leitung empfindet.« Das geschah. Jeder konnte sich frei äußern, wobei die beiden Rebellen mit ihrer Ansicht am Ende allein dastanden. Immerhin hatten sie erlebt, daß man sie ernst nahm, und daß die Supervisorin sich der Kritik der Gruppe stellte und sie somit nicht in einen Machtkampf einge-

stiegen war. Das hat die Gemüter beruhigt und den Vorwurf entkräftet. Von da an gab es keine nennenswerten Schwierigkeiten mehr in der Gruppe.
Psychologisch gesehen wurzelt autoritäres Verhalten meist in einer letzten Unsicherheit. Immer wenn ich mir als Leiter dessen nicht sicher bin, was ich zu bieten habe, wenn ich durch Kritik gelähmt werde oder meine Rolle mit irgendeinem noch so feinen Machtanspruch verbinde, dann werden meine eigenen schwachen Stellen ständig von den anderen als »Aufhänger« für ihre Projektionen und Aggressionen benutzt. Je mehr andererseits der Leiter in sich selbst Festigkeit gefunden hat und sich auch in der Handhabung der technischen Hilfsmittel sicher fühlt, umso weniger hat er es nötig, autoritär aufzutreten und seine »Macht« betonen oder durchsetzen zu müssen.
Für die Kursteilnehmer und Supervisanden ist es wichtig, daß sie den Leiter so erfahren, da sich ja die gleiche Problematik in ihrem Dasein als Pfarrer wieder meldet: Will der Pfarrer der »Herrscher«, der Alleskönner, der Allgewaltige und Mächtige sein – oder stellt er seine Person, sein Wissen und Können so zur Verfügung, daß es dem persönlichen Weg und Wachstum des Einzelnen und der Kommunikation innerhalb der menschlichen Gemeinschaft dient, ohne daß Menschen vergewaltigt oder abgestoßen und verletzt werden?
Biblisch gesprochen würde das heißen: Je mehr einer die Geduld Gottes und die Freiheit des »So-sein-dürfens« vor Gott an sich selbst erlebt hat, umso mehr kann er anderen diese Freiheit gewähren und sie zu solcher Freiheit führen.
Nach meiner Erfahrung sind jedoch in dem, was mit »Freiheit« und »So-sein-dürfen« gemeint ist, so viele »Fußangeln« enthalten, daß es – für mich wenigstens – wichtig und nötig bleibt, mittels der Erkenntnisse der Tiefenpsychologie immer wieder nachzuprüfen, auf welchen persönlichen Hintergründen mein Verhalten und meine Vorgehensweisen sich abspielen[28].

d) Hilfe auf dem Weg der eigenen Identitätsfindung

Aus Gründen des Persönlichkeitsschutzes muß ich hier darauf verzichten, den Weg der einzelnen Supervisanden im Detail zu schildern. Indessen kann ich andeuten, wie in kritischen Phasen eine Weiche gestellt und eine Entwicklung auf lange Sicht eingeleitet wurde, wobei die ursprünglichen Daten jeweils leicht verändert wurden in Richtung auf eine Typisierung des Falles. (Die Texte sind in der vorliegenden Form von den betreffenden Supervisanden genehmigt.)

Supervisand G. lebt noch mit der kindlichen Vorstellung, daß man sich in einem einmal gewählten Beruf hundertprozentig glücklich fühlen müsse. Er empfindet solches Glück aber nur teilweise – indem er sich gerne von anderen gebraucht und gefordert fühlt –, daneben aber erlebt er sich als überfordert, so daß er nicht mehr er selbst sein kann. In der Folge geht es dann einerseits darum, daß G. lernen muß, in gewissen Fällen »Nein« zu sagen, um sich vor Überforderung zu schützen. Andererseits wird ihm durch eine Konflikt-Spaltungs-Übung (Gestalt-Therapie: »Dialog der beiden ICH«) das Erlebnis vermittelt, daß beide – die Empfindung der Lust und der Last des Berufs – mit starken Emotionen in seinem tiefen Inneren verwurzelt und darum zu ihm gehörige Teile seines Erlebens sind. Er erkennt, daß der Konflikt nicht zu lösen, sondern zu ertragen ist. »Hundert Prozent Wohlsein im Pfarrerberuf, das würde die totale Identifikation mit der Rolle und so das Ende jeder persönlichen Weiterentwicklung bedeuten. Hundert Prozent Widerstand dagegen wäre nicht auszuhalten. Also ist die Mischung richtig und gehört offenbar zum Pfarrerberuf, ich habe es damit auszuhalten«, so etwa formulierte er sein neues »Programm«.

Supervisandin H. lebt im Konflikt, daß sie ihre vorhandene, sehr zarte Sensibilität und Gefühlsstärke völlig lahmlegt und zurückbindet durch ein überstarkes Über-Ich, das sie besonders in der Berufsarbeit hervorkehrt. Das wirkt sich zunächst so aus, daß sie im Seelsorgegespräch zwar viel Empathie und Einfühlung beweisen kann, aber sich selbst stark schützt vor der emotionalen Ebene. In einem typischen Gespräch hat sie sich mit einer jammernden Patientin zuerst völlig identifiziert und mitgejammert, dann aber plötzlich, als es ihr zu weit ging, sich ebenso total distanziert, ihre Not bagatellisiert und sie billig getröstet. Dieses Schwanken zwischen »zu nah« und »zu fern« fiel in all ihren Protokollen auf. Das Lernziel war demnach, ihr zu ermöglichen, daß sie dem emotionalen Strom vertrauen und die eigenen Gefühle unterscheiden lernte von denen des Partners, um mit beiden besser umgehen und dem Partner wirklich gegenwärtig sein zu können. Es ging darum, gerade das, was den Charme und die Lebendigkeit dieser jungen Frau ausmachte – nämlich ihre Sensibilität und Empfindsamkeit – aus der mädchenhaften Selbstbewahrungstendenz herauszulösen, damit sie es wirklich für an-

dere einsetzen konnte. Das leuchtete ihr ein im Sinne von »sein Leben bewahren – sein Leben hingeben«. (Matth 16,25)
In der Predigtarbeit hingegen kehrte diese Supervisandin sehr stark das Über-Ich heraus und trat mit autoritären Forderungen und irrealen Vorstellungen an die Hörer heran. »Ich fühle selber, sagte sie, daß meine Predigten die Hörer nicht treffen. Manchmal denke ich: Deine Predigten hört niemand gerne.« Der Vergleich von »Rezepte geben« und »eine Mahlzeit kochen« leuchtete ihr ein und sie fand dann: »Doch, das stimmt, bis jetzt habe ich meist Rezepte gegeben, aber nun lockt es mich, ›kochen‹ zu lernen und es barmherziger zu machen.« Wir versuchten im Weiteren, möglichst nicht das Über-Ich zu stärken, sondern hervorzuholen, was sie selbst empfinden und vertreten konnte. Denn »sich hingeben« kann ja im Grunde nur jemand, der sich zunächst »hat«. Das Evangelium weitersagen kann nur der, der selbst »etwas zu sagen hat«, weil es zuvor durch ihn hindurchgegangen und nicht nur von den »Vätern ererbt« ist.

Supervisandin I. erlebt in ihren Seelsorgegesprächen immer wieder die eigenen Probleme und kommt ihnen anhand der Protokolle auf die Spur.
Einem 18jährigen Patienten, der viel Gefühl von Angst und Unsicherheit im Gespräch äußerte, weicht sie aus und erklärt mir später, sie habe die eigenen Ängste ihrer Pubertätszeit auf diesen Burschen projiziert und gedacht, er werde wie sie damals jedes Näherkommen, jedes Verstehenwollen abwehren.
Einer Patientin, die Schmerz, Enttäuschung und Traurigkeit darüber äußerte, daß sie – die vorher immer die Gebende gewesen war – jetzt auf andere angewiesen sei und darum lieber tot wäre – bietet I. rationale Vorschläge an, wie sie ihre »restliche Zeit« noch gut ausnützen könnte. »Ich kann doch nicht einfach Gefühle kommen lassen, ich muß doch etwas damit machen, ein Programm haben«, sagt sie. Die Lektüre einer Stelle aus Zijlstra »Seelsorgetraining«[29] beeindruckt sie dann sehr, und sie erkennt, daß das Problem der Patientin im Grunde ihr eigenes Problem ist, nämlich, den *anderen* helfen, um sich *selbst* zu helfen.
Aus einem weiteren Protokoll, in dem der Patient eher abweisend ist, wird klar, daß I. erwartet, daß ihr Gegenüber ein explizites Bedürfnis an sie heranträgt. »Wenn ich nicht auf einen Hilferuf reagieren kann, bin ich blockiert.« Dann zieht sie sich zurück, oder dann, so sagt sie, »zeige ich wenigstens, warum ich komme. Wenn er menschlich nichts von mir bekommt, dann kann ich ihn wenig-

stens auf Jesus und die Bibel hinweisen. Es ist dann eine Notlösung, aber ich möchte das unbedingt anbringen.« Indessen spürt sie selbst, daß sie damit den Partner überfällt und von ihm kein Echo bekommen kann. Sie beginnt zu ahnen, daß es dabei mehr um die eigene Befriedigung, »den Auftrag erfüllt zu haben« gehen könnte als darum, wirklich für den anderen da zu sein[30].

In der Predigtarbeit ergeht es ihr ähnlich. Sie übergeht oft die Gelegenheit, den Hörer emotional etwas miterleben zu lassen und setzt ihm intellektuelle Deutungen und dogmatische Formeln vor. »Ich hatte Angst, mich in die Geschichte hinein zu begeben und bin sie nur von außen angegangen, weil ich theologisch nicht klar sehe. Ich hatte Angst, ich müßte den Konflikt lösen und Gott verteidigen«, sagt sie zu einer Predigt über die »Opferung Isaaks«. Darauf hingewiesen, daß man ja auch einfach den Konflikt herausarbeiten, die Spannung erleben lassen könnte, erwidert sie: »Ich glaubte bis jetzt, predigen heiße u. a. Dogmatik verkünden. Aber wenn es auch heißen könnte, eine Geschichte zu erzählen, sie erleben lassen, dann wäre das ganz anders. Ich bin noch sehr am Suchen.«

Ich erlebte bei dieser Supervisandin den Typ eines Christen, der geprägt ist von einem starken Leistungsdruck, Verantwortungsbewußtsein und Helferwillen, denen aber als Gegenpol eine auffallende Ich-Schwäche und ein ganz minimales Vertrauen in das entsprach, was sie selbst als Mensch zu bieten hatte. Wenn sie die »Pfarrerrolle« zur Stärkung dieser Persönlichkeitsstruktur benützt, dann ist sie wohl auf dem besten Weg, sich »auffressen« zu lassen von dieser Rolle und am ständigen Gefühl des Nichtgenügens zu Grunde zu gehen.

Lernziel war demnach bei ihr: die Hervorhebung und Aufwertung der emotionalen Seinsebene, im Sinne von einer Ich-Stärkung im *Sein* statt in der Leistung, so daß sie frei werden konnte vom Zwang, jedem Appell um Hilfe nachzugeben. Das versuchten wir zu erreichen durch verhaltenstherapeutisches Einüben neuer Formen von Kommunikation und durch Befragung ihrer bisherigen theologischen Überzeugungen auf deren Herkunft, Verbindung und Koppelung mit der eigenen Kindheitserfahrung im Blick darauf, dem andern in noch größerer Freiheit beistehen zu können bei der Auffindung seines eigenen Weges.

IV SCHLUSSBEMERKUNGEN

Meinen Schlußbemerkungen möchte ich ein Zitat von Dietrich Stollberg voranstellen (aus: »Wege zum Menschen«, Juli 1975, S. 286 ff):

»Christliche Seelsorge heute arbeitet daran, daß Christen für sich selber Verantwortung übernehmen, daß Christen lernen, andere anders sein zu lassen ohne sich bedroht zu fühlen, daß Christen ihre Ansprüche entdecken und es lernen, diese zu vertreten und zu verantworten, daß Christen lernen, aus Glauben stark zu sein, anstatt die Welt durch Schwäche zu tyrannisieren und Verdrängtem jene biblischen Namen – wie Frieden, Brüderlichkeit oder Gerechtigkeit – zu geben, die das Gegenteil von dem meinen, was hier eigentlich an Impulsen ausagiert wird. Damit lehrt Seelsorge heute diejenigen, die sie beanspruchen, dazu zu stehen, daß sie Sünder sind und einen »Schatten« (C. G. Jung) haben, und die Erfahrung zu machen, daß sie als »Sünder«, als Menschen die gut und böse zugleich sind, erst ganz und von Gott geliebt sind. Seelsorge heute lehrt damit nicht, daß Sünde gut sei. Nein, sie lehrt, daß gelebte Sünde als Sünde erkannt und ins Bewußtsein gelassen werden muß, bevor sie vergeben und als ein Teil der eigenen Biographie angenommen bzw. künftig vermieden werden kann. Moderne Seelsorge lehrt zur Sünde zu stehen. Sie hilft damit zur Überwindung jenes kleinkarierten – oft für ein Spezifikum der Kirche gehaltenen – Moralismus, der im Interesse der Verdrängung Scheinsünden und als »unmoralisch« empfundene Einzelvergehen als eigentliche Sünden ausgibt, wo die Ursünde des ungelebten Lebens, der nicht ergriffenen Chance der Gnade, verschleiert werden soll. Gerade in der Überwindung des Moralismus und in der Überwindung einer der Verantwortung für die eigene Person ausweichenden Über-Ich-Moral liegt jedoch eine weitere Stärke der Kirche, sofern sie vom Evangelium lebt ... Christliche Seelsorge vertritt diesen Anspruch auch gegenüber der Kirche selbst, wo diese aus Angst und Weltscheu Anpassung und Ichschwäche praktiziert ... so daß Ich-Ansprüche dann nur über den Dienst am Du realisiert, Herrschaft nur über scheinbar ganz auf den Nächsten gerichtete Opferhaltung beansprucht wird ... Moderne Seelsorger müssen Abschied nehmen von jener pseudodiakonischen Haltung, die den anderen entmündigt, erniedrigt und hilflos macht, um ihn bevormunden zu können, sich zu ihm herabzubeugen und ihm zu ›helfen‹. Seelsorge heute kann die Stärke der Kirche nur da sinnvoll wahrnehmen und vertreten, wo sie sich selbst dieser Helferproblematik stellt, den Zusammenhang von »Täter« und »Opfer« analysiert, die Motivationen zur Seelsorge gründlich durcharbeitet und Mut zur Angst, Mut zum Anspruch, Mut zum Schatten, Mut »zum Helfersadismus« (Schattenseite der diakonischen Mentalität) macht. Theologisch bedeutet das: Nur wer den Mut zum Sündersein gewonnen hat, und nur wer die spezifische Verführung und Möglichkeit zur Sünde in der Seelsorge wahrzunehmen vermag, kann anderen Sündenvergebung so predigen, daß sie nicht Realitäts- und Sündenleugnung, sondern ›Freude der Buße‹ (Schniewind) provoziert. Denn nur wer ganz Sünder zu sein vermag, kann ganz Gerechter sein. Wer hier als Christ aus Angst vor dem Risiko ewiger Verdammnis ›mauert‹, vergräbt sein Talent und benützt den Glauben zur Realitätsvermeidung, die letztlich auch die Vermeidung der Gnade bedeutet ... Die Seelsorgebewegung exponiert auch darin die Stärke der Kirche, daß sie zur subjektiven Redeweise (TZI, Ruth Cohn), zum verantworteten Credo und zur Relativierung der eigenen Aussagen ermutigt.«

Hier werden nun die gewichtigen biblischen Worte wie Sünde, Gnade, Rechtfertigung, Buße etc. wieder gebraucht. Oberflächlich besehen könnte das heißen, daß wir nun doch wieder zum Anfang zurückkehren, zur traditionellen »Lehre von der Seelsorge«. Aber dem ist nicht so. Diese Begriffe werden hier neu gefüllt. Sie sind nicht mehr Cliché, magische Formel, abgegriffene Münze, sondern sie sind gefüllt durch die analysierende Reflexion dessen, was wir – mittels der Tiefenpsychologie – als unsere Erfahrung und unser Erleben mit Gott und den Menschen beschreiben können.

So nennt Zijlstra als die »Ursünde« des Seelsorgers das Nicht-Zuhören-Können. (Zijlstra, Seelsorge-Training, S. 141: »Im Nicht-Zuhören-Können entdecken wir, wie gottlos und demnach wie unmenschlich wir selber sind.«) Wir entziehen dann dem Mitmenschen unsere Zeit, unser Interesse, unsere Liebe, kurz: uns selbst. »Gnade« würde dann für den Seelsorger heißen, es als Chance und Angebot annehmen zu dürfen, sich selber besser kennen zu lernen, sich finden und ändern zu können, damit er seinen Nächsten mehr und besser zur Verfügung zu stehen vermag. Seine Seelsorge und damit (so M. Klessmann in: »Wege zum Menschen« August 1973, S. 326) »seine Fremdwahrnehmung hängt dann von der Intensität und Qualität seiner Selbstwahrnehmung ab und umgekehrt«. Und: »Nicht die Dogmatik setzt dann Kriterien für das, was Seelsorge ist. Seelsorge ist nicht machbar durch ein ›superadditum‹ theologischen Vokabulars, durch das Hinzufügen des sogenannt ›Eigentlichen‹ (Bibellesung, Gebet etc.), sondern: die Haltung des Seelsorgers, des Beraters in der Beziehung zum Klienten, kann diese zur Seelsorge werden lassen. Biblische Verkündigung ist nicht eo ipso ›Wort Gottes‹, sondern treffendes und heilendes, heilmachendes Wort erweist sich als solches, kann als solches gedeutet und sinnhaft gemacht werden. Denn hier ereignet sich Unverfügbares« (ebd.).

Vor zwanzig Jahren hätten wir wohl noch einen Schrecken bekommen vor dem zuletzt zitierten Satz. Denn unter »Unverfügbarem« verstanden wir damals die Sonderstellung des »Wortes Gottes« unter der Regie des »heiligen Geistes«, wo jede – besonders jede psychologische – Nachforschung im heiligen Gelände untersagt oder zumindest sehr suspekt war. Hier aber ist mit dem »Unverfügbaren« gerade gemeint, daß – wenn man das Geschehen zwischen Mensch und Mensch, oder zwischen Mensch und Gott in Bezug auf seine Bedingungen so weit wie möglich nachverfolgt und »analysiert«, es sich gerade dann als das besondere, unverfügbare Geschehen ausweist. Während man in Unkenntnis dieser Bedingungen sehr wohl der Gefahr verfallen kann, menschliche oder gar neurotische Bereiche mit den Wirkungen des heiligen Geistes zu verwechseln[31]!

Es ist für mich keine Frage, daß es heute offenbar unsere Aufgabe und Chance ist, nachzuverfolgen, nachzudenken, genau hinzusehen, welches die Bedingungen für das Geschehen sind, das den Menschen und das menschliche Zusammenleben immer wieder heil macht, so daß Versöhnung mit Gott, mit den Mitmenschen und dem eigenen Leben Ereignis wird. Diese Bedingungen kann man aufzeigen, weil auch der heilige Geist nichts anderes benützt als den Menschengeist, die seelischen Reaktionen und menschlichen Möglichkeiten. Darum lohnt es sich, diese genau kennen zu lernen.

Wenn es das »normale« Werk des heiligen Geistes ist, daß er »die Liebe in unserem Herzen ausgießt«, daß er »versöhnt«, »ermutigt«, daß er »überführt« und »tröstet«, dann müßte es ja auch umgekehrt gelten: dort wo echte Liebe am Werk ist, wo Versöhnung, Ermutigung und echter Trost geschehen, dort ist der heilige Geist am Werk – auch wenn dabei keine biblischen Worte gebraucht werden und es vielleicht nicht einmal im kirchlich-christlichen Rahmen geschieht.

Andererseits weiß ich natürlich auch, daß der heilige Geist sich des Menschengeistes auf »außergewöhnliche« Art bedienen kann, daß er manchmal einen ganz eigenen, unerwarteten Zugang zu ihm benutzt und sich über die »normalen« Bedingungen hinwegsetzt[32]. Dann sprechen wir von einem »Wunder« oder von »charismatischem« Geschehen. Aber so wenig wir als Christen die ärztliche Kunst und Forschung verachten oder vernachlässigen, weil es in der Tat auch »Wunderheilungen« gibt, so wenig dürften wir es uns leisten, heute – da es diese Forschung und Kenntnisse gibt! – die psychologische Wissenschaft und Therapie zu vernachlässigen, die uns die »normalen« Bedingungen menschlichen Fühlens und Verhaltens verstehen und beachten hilft.

Ich möchte darum zum Schluß zusammenfassen:
1. Seelsorge ist als »Theologia in actu« zu verstehen.
2. Das Proprium der Seelsorge ist das Proprium der christlichen Ethik: der Zusammenhang des menschlichen Lebens mit dem Eschaton, mit Jesus Christus und so mit der Liebe, dem Vertrauen, dem Angenommensein und der Hoffnung.
3. Dieses Proprium verlangt nicht unbedingt immer nach sprachlichem Ausdruck. Es kann – als zwischenmenschliches Erleben – dem andern zu einem Abbild oder Hinweis auf Christus werden.
4. Die Kenntnis und Beachtung seelischer Strukturen und zwischenmenschlicher Interaktionen, das modellhafte Erleben einer Supervisionsbeziehung oder einer Gruppe kann dem Seelsorger die Augen öffnen für eine tiefere Dimension menschlicher Erfahrung und somit auch für die Notwendigkeit, die Botschaft des Evangeliums so weiter zu geben, daß sie nicht nur den Intellekt und den Verstand, sondern den ganzen Menschen samt seinem Gefühl und den tieferen Schichten seines Unbewußten zu ergreifen vermag.
5. Der dadurch bedingte neue Umgang mit sich selbst, mit den Mitmenschen und mit der Botschaft des Evangeliums kann nicht rein theoretisch erlernt werden. Es braucht dazu die Erfahrung mit sich selbst und das Einüben dieser Erfahrung mit den anderen unter Anleitung und Kontrolle. Die CPT-Kurse und Supervisionen bieten eine Möglichkeit zu solcher Erfahrung und Einübung.

Mein Anliegen wäre es somit, daß an der Stelle, wo bei Eduard Thurneysen das Auftreten des heiligen Geistes jede weitere Hinterfragung und Erforschung menschlicher Bedingungen zu unterbinden scheint[33], wir noch ein gutes Stück weit genauer nachforschen und zu erkennen versuchen, wie es dazu kommt, daß wirklich das Werk des »heiligen Geistes« geschieht, und wir uns nicht nur in einem intellektuellen Leerlauf oder gar in einem neurotischen Kreislauf bewegen. Um die Bedingungen zu erforschen, wie ein Mensch mehr Mensch werden, und wie unser Leben und unsere Gesellschaft menschlicher werden können, ist die Arbeit der Tiefenpsychologie notwendig.

Sie ist von der *Sache* her notwendig. Aber sie ist auch *theologisch* notwendig und legitim:

Wenn Gott sich nicht gescheut hat, sich in Jesus Christus der menschlichen Bedingungen und Möglichkeiten zu bedienen, um uns mitzuteilen, wer wir sind im Verhältnis zu Gott und wie er sich zu uns verhält – dann sollten wir uns nicht scheuen, dem Studium der menschlichen Psyche und den Wissenschaften, die sich damit befassen, innerhalb der Theologie Raum zu geben und sie ernstzunehmen. Gott selbst hat den Menschen zum »Gegenstand« der Theologie gemacht, indem er sich in Jesus Christus als »Gott für den Menschen« bestimmt hat, ohne den er nicht Gott sein will[34]. Dies ist letztlich die Begründung für die »theologische Relevanz der psychologisch fundierten Ansätze« in der Seelsorge.

ANMERKUNGEN

1 Ich denke zunächst einmal an alle Mühe, Arbeit und Einsatz eines Pfarrers oder auch einer Hausfrau und Mutter, die nie anerkannt oder eben höchstens »in Kleindruck« (im Nekrolog!) erwähnt werden, während für die Wirkungen dann Gott lauten Dank erhält. Wie oft wäre es doch menschlicher (und gerade darum gottgewollter!), den menschlichen »Werkzeugen« die Gefühle zu gönnen, die wir für fromme Reden aufsparen. Ich kannte in meiner Jugend Familien, wo großer Wert auf das Dankgebet bei Tisch gelegt wurde, aber eine Speise zu rühmen oder die Mutter dafür zu loben, das galt als verderbliches »Menschenlob«. Oder der Vater dankte im Gebet Gott dafür, daß er einem Kind durchs Examen geholfen hatte, aber das Kind selber bekam nie das Lob zu hören: »Das hast du recht gemacht.« So klafften menschliches Bemühen und das Werk Gottes weit auseinander. Weder konnte Vertrauen zu Gott entstehen noch gesundes Selbstvertrauen.
Vor allem aber gehören hierher all die feierlichen hohen Worte, die – angefangen beim seelsorgerlichen Gespräch, über die Predigt bis hin zu höchsten, gewichtigen Erklärungen der Kirchen – über die Köpfe der Menschen hinwegschwirren, ohne daß sie mit deren Nöten und Freuden wirklich in Berührung kommen.
2 Vgl. dazu: *Hans-Joachim Thilo*, Psyche und Wort, Aspekte ihrer Beziehungen in Seelsorge, Unterricht und Predigt, 1974.
3 *Hans-Joachim Thilo*, Beratende Seelsorge, Tiefenpsychologische Methodik dargestellt am Kasualgespräch, 1971: »Seelsorgerliches Gespräch würde dann also nicht sich daran legitimieren müssen, ob die Botschaft Jesu Christi expressis verbis oder in irgendeiner ›religiösen‹ Form angeboten wird, sondern dadurch, daß die Realität des Leben bringenden und Heil gebenden Christus sich im Gespräch ereignet und damit vollzieht ... (S. 22) Das Spezifikum christlicher Seelsorge liegt also nicht in dem, was wir sagen, sondern daß wir es als Christen und in der Verantwortung vor dem Vater Jesu Christi sagen, eben und gerade auch dann, wenn der Ratsuchende gar keine Ahnung davon hat, in welchem Auftrag wir handeln. Dort aber, wo wir nach dem Grund unseres eigenen Handelns, nach unserer letzten Verantwortung gefragt werden, dort haben wir genau das zu tun, was das NT mit ›martyrein‹ bezeichnet, nämlich Kunde zu geben von den Dingen, die wir selber an uns erfahren haben, von nichts mehr, aber auch von nichts weniger ... Das Spezifikum christlicher Seelsorge ... erweist sich nicht in dem, was gesagt wird, sondern aus welcher Verantwortung heraus – fachlich gut ausgebildet und mit jener an uns erlebten Reifung beschenkt – mit der wir dem Ratsuchenden zuhören und ihn auf seinem Wege zur Heilung begleiten ... (S. 23) Das Wort Gottes, das verkündigt werden soll, ist eben nicht das Bibelwort, sondern es ist die Selbstoffenbarung Gottes in Jesus Christus ... In der Begegnung mit eben diesem Jesus von Nazareth als dem geistlichen Menschen, dem Menschen von Oben, als dem Urtyp des Men-

schen, so wie ihn Gott gewollt hat, gelingt und ereignet sich die Begegnung mit Gott ... Der Mensch wird zum hermeneutischen Prinzip der Theologie dadurch, daß ihm die Beratung hilft, das zu werden, woraufhin er angelegt ist ... (S. 26/27) Hier erleben wir wieder einmal, daß es bei dem, was wir als das ›typisch Christliche‹ auszuweisen haben, nicht darum geht, daß bestimmte Vokabeln vorkommen, daß bestimmte Themen angeschnitten werden oder daß bekenntnismäßige Äußerungen gegeben oder provoziert werden, sondern in der Art, wie wir in der jeweiligen Situation die Hinwendung Gottes zu dem Menschen deutlich machen ...« (S. 75)

Dietrich Stollberg, Seelsorge praktisch, 1970: »Der Seelsorger braucht deshalb nicht ängstlich zu meinen, es gelte dem Pastoranden jetzt oder nie das Wort zu seiner Seligkeit aufzudrängen. Seelsorge ist zwischenmenschliche Entscheidungshilfe, aber nicht einseitige Heilsvermittlung. Sie zielt auf die Befreiung zu eigener Verantwortlichkeit, dh. aber zur Realisation der in Christus wieder hergestellten Imago Dei. Die größte Gefahr besteht demnach darin, daß der Pfarrer die Verantwortlichkeit des Pastoranden übernimmt und, um zu einem schnelleren und billigeren Ende zu kommen, gute Ratschläge oder gar Anweisungen erteilt!« (S. 55)

»Selbstverständlich sollte es jedoch sein, daß heute nicht länger unreflektiert drauflos getröstet und vom Worte Gottes her manipuliert werden darf. Seelsorge als Medium der Freiheit übt permanente Selbstkritik. Seelsorge als Medium befreit aber auch den Seelsorger vor überängstlicher Gesetzlichkeit ...« (S. 27)

4 *Howard J. Clinebell*, Modelle beratender Seelsorge, 1971: »Wenn ein Pfarrer bei existentiellen Problemen Seelsorge übt, dann wird die Theologie, die er ›lebt‹ – die Art und Weise, wie er mit seiner eigenen existentiellen Angst fertig wird – das Ergebnis mehr beeinflussen als die Theologie, die er im Kopf hat.« (S. 254)

Das Evangelium kann in den Menschen »nicht eher wieder lebendig werden, ehe sie nicht die bedingungslos annehmende Liebe in einer Begegnung selber erfahren haben. Ehe sie nicht durch eine existentielle Begegnung mit einem andern begnadet worden sind, kann sie die christliche Botschaft weder erreichen noch befreien. Eine helfende Beziehung ist ein Ort, an dem diese Gnade Fleisch wird.« (S. 31)

4a Vgl. *Heinz Zahrnt*, Religiöse Aspekte gegenwärtiger Welt- und Lebenserfahrung. Reflexionen über die Notwendigkeit einer neuen Erfahrungstheologie, in: ZThK, 71. Jg. 1974, Heft 1. – Ich kann Zahrnt zustimmen, wenn er unter der »neuen Erfahrungstheologie« im Gegensatz zu proklamativer und appellativer Theologie eine »narrative Theologie« versteht, aber ich setze wohl den Akzent etwas anders, wenn ich nicht so sehr die »religiösen« als vielmehr die psychologisch erfaßbaren Aspekte dabei berücksichtigt haben möchte.

5 *Gerhard Wehr*, C. G. Jung und das Christentum, 1975: »Worauf es bei der Konfrontation mit dem Schatten ankommt, das ist die Betonung psychischer Erfahrung. Sie ist durch keinen Pseudo-Glauben zu ersetzen. Im übrigen gilt: ›Man wird nicht dadurch hell, daß man sich Helles vorstellt, sondern dadurch, daß man Dunkles bewußt macht. Letzteres aber ist unangenehm und daher nicht populär.‹« (S. 142, Zitat von C. G. Jung aus: Von den Wurzeln des Bewußtseins, S. 370)

Joachim Scharfenberg, Seelsorge als Gespräch, 1972: »Mit der Behauptung, daß sich gegen jede Bewußtseinserweiterung und damit auch Bewußtseinsveränderung ein Widerstand des Menschen erhebt, scheint mir die Tiefenpsychologie in unmittelbare Nähe zu bestimmten grundlegenden biblischen anthropologischen Einsichten zu kommen.« Als Beispiel wird dann die Situation der Israeliten in der Wüste angeführt, die zurück zu den Fleischtöpfen Ägyptens möchten, statt aufzubrechen in neues, unbekanntes und darum unheimliches Land. (S. 118)
6   Vgl. ein Zitat von *Paul Tillich* (Ges. Werke Band IX, S. 137) bei Gerhard Wehr, aaO., S. 53: »Der Gott über dem Gott des Theismus ist in jeder göttlich-menschlichen Begegnung gegenwärtig, wenn auch nicht offenbar.«
Zum Ansatz von *Karl Barth*: In der »Lehre von der Schöpfung« wird in KD III,2 der Mensch »als Gottes Geschöpf« (§ 44), in seiner Bestimmung zu Gottes Bundesgenosse (§ 45), der Mensch als Seele und Leib (§ 46) und endlich als Mensch in seiner Zeit (§ 47) vorgestellt. Im Abschnitt »Der wirkliche Mensch« (§ 44) wird als die ontologische Bestimmung des Menschen genannt, «daß in der Mitte aller übrigen Menschen Einer der Mensch Jesus ist« (S. 158). Darum heißt Menschsein von Hause aus »mit Gott zusammen sein« (S. 167), von Gott aufgerufen sein« (S. 182), »von Gott her sein« (S. 188), so daß dem Menschen »dieser Wurf der Zuversicht auf seinen Schöpfer aufgegeben ist« (S. 198) und er gerade so in die Freiheit der Selbstverantwortung vor Gott gestellt (S. 230) und zum Partner Gottes ausgerüstet ist (S. 240).
Unter der Überschrift »Der Mensch in seiner Bestimmung zu Gottes Bundesgenossen« (§ 45) wird jene Partnerschaft weiter ausgeführt und begründet darin, daß von Jesus selber gilt, er »kann gar nicht sein und also für Gott sein, ohne eben damit für den Menschen zu sein. Und so ist es tatsächlich die Ehre dessen, der ihn beauftragt und gesendet hat, die Ehre Gottes, die er damit offenbart und verkündet, daß er für den Menschen ist« (S. 259).
Indem Jesus sein Werk für Gott tut, ist nun aber das »die Humanität, in der er tut, wozu er gesendet ist, daß er in derselben Ganzheit für den und *für die Menschen* da ist. Also nicht: für sich selbst (in irgendeinem Sinn), in welchem er für sich selbst da sein könnte, und dann auch noch für den Menschen! Und auch nicht: für irgendeine Sache ... Er, der andere Mensch, ist der Gegenstand des Heilandswerkes, in dessen Vollstreckung er (Jesus) selber existiert ... Gerade seiner Divinität entspricht aufs genaueste diese Gestalt seiner Humanität: sein Sein in der Zuwendung zum Mitmenschen« (S. 249).
Von daher wird als die »Grundform der Menschlichkeit« (Abschnitt 2) das »Sein in der Begegnung mit dem andern Menschen« definiert (S. 296), das ein Sein in der Offenheit ist. Denn »die Redensart ›Das geht mich nichts an‹ und ›Das geht dich nichts an‹ ist fast unter allen Umständen eine mißliche Redensart, weil sie fast unter allen Umständen meint: das Sein dieses und dieses Mitmenschen geht mich, und mein Sein geht diesen und diesen Mitmenschen nichts an; ich will weder ihn sehen, noch mich von ihm sehen lassen; meine Augen sind zu gut für ihn und ich bin zu gut für seine Augen; meine Offenheit hat ihm gegenüber ihre Grenze ... Wo Offenheit waltet, da beginnt Humanität Ereignis zu werden. In dem Maß, als wir aus uns herausgehen, uns also nicht weigern, den

Andern zu erkennen, uns nicht fürchten davor, auch von ihm erkannt zu werden, existieren wir menschlich, und wenn wir im übrigen in den tiefsten Tiefen der Menschheit existieren« (S. 301). (Barth fügt dann bei, daß solche Menschlichkeit gerade in den »Tiefen« eher gefunden wird als in der »Höhe«.) Es wird dann gewarnt (S. 301) vor aller illusionären »Begegnung« in Gruppen und Beziehungen, wo mit und trotz aller Psychologie und Soziologie »der konkrete Mensch für den andern konkreten Menschen unsichtbar« bleibt, und es wird als besonderes Kennzeichen dieser echten Grundform der Humanität herausgestellt, daß dieses Geschehen der Begegnung »hinüber und herüber *gerne* geschieht« (S. 318). Merkwürdig berühren Sätze, die wir heute in den Regeln der Gruppendynamik als »Novum« zu entdecken geneigt sind: »Ich bin ich und du bist du. Du bist du und nicht ich. Es geht in der Humanität nicht um die Beseitigung und Auflösung, sondern um die Bestätigung, um die rechte Bestätigung dieser Zweiheit als solcher« (S. 322). Andererseits wird auch abgegrenzt gegen das Mißverständnis, Humanität könnte meinen, daß einer im andern »doch nur sich selbst meint und sucht, und die Begegnung mit ihm dazu gebraucht, sein eigenes Sein zu erweitern, zu bereichern, zu vertiefen, zu bestätigen und zu befestigen« (S. 325). In Jesus Christus wird offenbar, daß der »wirkliche Mensch, wie Gott ihn geschaffen hat, nicht in der Wüste dieser Einsamkeit (ist). Er hat diese Wahl nun gerade nicht. Er braucht nicht erst aus jener Wüste herauszutreten, um dann erst nachträglich (und dann gewiß nicht in letztem Ernst!) auch noch mit dem Andern zusammen zu sein. Seine Freiheit besteht vielmehr von Haus aus darin, diesen Andern zu meinen und zu suchen: nicht um sein Sklave oder sein Tyrann, wohl aber um sein Gefährte, sein Geselle, sein Kamerad, sein Genosse, sein Gehilfe zu sein, und damit der Andere ihm dasselbe wieder sei. Indem wir das Menschlichkeit nennen, indem wir sagen, daß Alles, was zur Menschlichkeit gehört, in diesem Einen nicht erst gipfelt, sondern schon wurzelt, müssen wir eben das auch des Menschen *Natur* nennen. Des Menschen Natur ist er selbst. Er selbst ist aber das, was er in seinem freien Herzen ist. In seinem freien Herzen ist er aber das, was er ist im Geheimnis der Begegnung mit dem Mitmenschen, in welcher ihm dieser willkommen, in welcher er gerne mit ihm zusammen ist« (S. 329).
In KD IV,1, wird unter dem Aspekt der Lehre von der Versöhnung im Kapitel »Jesus Christus der Herr als Knecht« im Abschnitt »Des Menschen Rechtfertigung« von der Wiederherstellung jener natürlichen Humanität in der Auferweckung Jesu gesprochen. Der »Freispruch Gottes« entreißt den Menschen seiner Vergangenheit und stellt ihn in das »Heute Jesu Christi« (S. 611), indem er ihm eine Zukunft eröffnet (S. 659 ff), in der er bereits »der, der er sein wird« sein darf (S. 664).
In KD IV,3, § 71 »Von des Menschen Berufung« wird im Abschnitt 1. »Der Mensch im Licht des Lebens« (immer noch im Rahmen der Lehre von der Versöhnung) des Menschen Neuschöpfung (S. 610) so beschrieben, daß er sich als ein Mensch verstehen darf, für den »Gott jederzeit und in jeder Hinsicht eintritt« und wo der »Mensch jederzeit und in jeder Hinsicht frei ist zu dem Wagnis, sich selbst im Leben und im Sterben zu Gott zu rechnen« (S. 636), daraufhin, daß er mit Christus zusammen Mensch sein darf.
Im Abschnitt 4. »Der Christ als Zeuge« wird dann betont, daß der Christ sich vor dem Nichtchristen nicht dadurch auszeichnet, daß er etwa allein

»gerettet« sei und sich auf »den schlechthinnigen Primat der christlichen Gnaden- und Heilserfahrung berufen« könnte; daß der »Sinn und Grund des christlichen Ethos« nicht darin liegt, daß Christus einfach der Wohltäter und der Mensch Empfänger sei (S. 648), sondern daß das Proprium christlicher Existenz in der Ausführung des Auftrags seiner Berufung liegt (S. 658). Die Christen haben »mit ihrem ganzen Dasein, Tun, Lassen und Verhalten und dann auch in Wort und Rede mitten unter den andern Menschen eine bestimmte *Aussage* zu machen. Sie haben ihnen mit dieser Aussage eine bestimmte *Botschaft* auszurichten« (S. 660 ff). Also nicht das »pro me« steht für den Christen im Vordergrund, sondern »das, was Jesus Christus selbst, weit hinaus über das, was das für ihn persönlich bedeutet, meint und will« (S. 684). Denn die Lebensgemeinschaft mit Christus – das bewußte »Menschsein mit Christus« – realisiert sich in der »Tatgemeinschaft« (S. 685), als »konkrete Anteilnahme an dem großen Zusammenhang der Geschichte Gottes mit der Welt« (S. 687). Dazu wird zunächst (S. 692) ausgeführt, daß – indem Christus im Christen »als der neue wahre Adam ... wie in jedem Menschen« lebt – diesem primären Werk Gottes kein menschliches Tun außer der reinen Annahme entsprechend kann. »An der Seite dieses Priesters gibt es nicht einmal einen Meßbuben!« (S. 693). Aber wenn der Christ zum »Mitwirken« und also dazu berufen ist, »das begleitende und bestätigende Zeichen des lebendigen Wortes Gottes zu sein, so folgt, daß er dieses Wort *in der Tat seiner ganzen Existenz* anzuzeigen, es zu bezeugen hat« (S. 697).
Karl Barth verspricht dann (S. 699), in der zur Versöhnungslehre gehörenden Ethik näher auszuführen, was die »Tat seiner ganzen Existenz« heißen könnte. Er ist nicht mehr dazu gekommen, diese Ethik zu schreiben. Vielleicht kann diese Arbeit ein kleiner Beitrag zur Füllung dieses Begriffs sein.

7 *Albert Görres*, Psychoanalytiker, in: Heinz Zahrnt (Hrsg.), Jesus und Freud, 1972: »Ich bin als Kind von meinen Eltern und Erziehern vor die Gestalt des Jesus Christus als des maßgebenden Mannes der Geschichte gestellt worden. Ihm verdankte ich all das an Gottes- und Menschenkenntnis, was die Philosophen nicht wissen können. Nur von ihm wußte ich, was Gott vom Menschen hält und mit ihm vorhat; wie falsches und richtiges Bewußtsein beschaffen ist; daß meine einzige Lebensaufgabe und Chance darin besteht, mein Bewußtsein an dem seinen auszurichten ...« (S. 49).

8 Ganz extrem drückt es *Harvey Cox* aus (Das Fest der Narren, 1970): »Sich darüber den Kopf zu zerbrechen, was in den gegebenen Kirchen möglich sein könnte ist fruchtlos ... Wir haben die ermüdende und sinnlose Aufgabe hinter uns gelassen, die Kirche zu erneuern und befassen uns mit der *Neuschaffung der Welt*« ... Dann »beginnen wir vielleicht zu unsrer eigenen Überraschung Seiten an der Kirche zu entdecken, die einen Beitrag zu jener kommenden Meta-Institution der Festlichkeit und der Phantasie bedeuten, die wir brauchen und wünschen – dann, wenn wir nicht mehr auf die »Erneuerung der Kirche« fixiert sind. Dann entdecken wir Leben unter der Kruste und feurige Kohlen unter der Asche ... Jedenfalls braucht die neue Kirche, nach der wir Ausschau halten, nicht nur aus den heutigen Kirchen hervorzugehen. Das wird sie auch sicher nicht. Wenn sie überhaupt kommt, dann kommt sie als Geflecht neuer Elemente, teils aus den Kirchen, teils von außen,

teils aus fruchtbaren Lücken dazwischen. Sie wird dann eine Gestalt annehmen, die wir kaum voraussagen können, auch wenn wir von ihren Konturen schon einige sehen – in unserer Phantasie ...« (S. 129).
Die Theologen müßten aber erkennen, »daß Menschen nicht nur durch veraltetes Denken gefangengehalten werden, sondern auch durch Institutionen, die durch Überzeugungen und Wertsysteme sakralisiert sind. Theologie, die historische Kritik übt, aber die institutionell-ideologische Kritik unterläßt, flüchtet sich vor ihrem geschichtlichen Auftrag ...« (S. 194).
9 *Heinz Zahrnt*, Jesus und Freud, 1972: »Aus dem liebenden Vater Jesu Christi ist durch die Kirche ein herrschender, ein strenger Gott, ein Pantokrator geworden, und mit Hilfe dieses Gottesbildes hat die Kirche dann geherrscht. Anders ausgedrückt: Gott ist in Jesus von Nazareth in die Tiefe gekommen, aus dem Oben ins Unten eingezogen. Was aber hat die Kirche getan? Sie hat gerade diesen Jesus wieder emporgejubelt, gerade auch liturgisch emporgejubelt, und hat sich auf diese Weise selber in die Höhe und zur Herrschaft gebracht. Sie hat also das Oben, das Gott selbst um der Menschen willen verlassen hatte, eingenommen, um nun ihrerseits Herrschaft über die Menschen auszuüben ...
Christus ist nicht dort durch die Kirchen weitergeführt worden, wo er unter den geringsten seiner Brüder hätte erkannt werden müssen, sondern umgekehrt als Herrscher, und so ist er ja dann auch offiziell genannt worden. Darauf führt S. Freud auch die ungeheure Toleranz, als die Liebe der Kirchen zu ihren eigenen Mitgliedern und zu denen, die sich zu ihnen bekennen, zurück, bei gleichzeitiger absoluter Intoleranz gegenüber denen, die sich nicht zu ihnen bekennen. Dies ist ja einer der Grundgedanken Freudscher Religionskritik« (S. 90).
10 *Heije Faber*, Der Pfarrer im modernen Krankenhaus, 1970: »Seelsorgearbeit ist seelsorgliche Solidarität, Hilfe, daß der andere ein Mensch wird, der an sich selbst zu glauben wagt, weil er durch den Pfarrer erlebt hat, daß Christus an ihn glaubt ... Der Pfarrer ist keine Vaterfigur in der alten Bedeutung des Wortes mehr ... er wird stärker zum Gefährten, zum Bundesgenossen, der im Auftrag Christi ›mitträgt‹ an der Lebensproblematik des andern, um mit ihm zusammen das Licht und Richtung gebende Wort des Evangeliums zum Hören und Sprechen zu bringen ... Wenn Christus sagt, daß er bei uns sein wird bis an der Welt Ende, so ist unser Bei-dem-andern-Sein in Wirklichkeit seine Widerspiegelung, fast könnte man sagen seine Realisierung« (S. 21 und 27).
Howard Clinebell, Modelle beratender Seelsorge: Ganz beim andern sein, »das nennen die existenzanalytisch orientierten Psychotherapeuten ›Gleichzeitigsein‹. Karl Jaspers sagt: Was entgeht uns! Welche Möglichkeiten des Verstehens lassen wir vorübergehen, weil uns in einem winzigen, entscheidenden Moment trotz all unsres Wissens die schlichte Tugend der vollen mitmenschlichen Gleichzeitigkeit fehlte!« (S. 46).
Vgl. dazu *Karl Barth*, KD IV,1 S. 322 ff. Das Wort »Gleichzeitigkeit« fällt auf Seite 322 unten. Das Folgende befaßt sich mit der Vergegenwärtigung bzw. »Gleichzeitigkeit« des Geschehens in Jesus Christus mit unsrer eigenen Zeit.
11 *Dietrich Stollberg*, Mein Auftrag – Deine Freiheit, 1972: »Seelsorge dient nicht dem Christsein, sondern dem Menschsein. Denn Christsein

verleiht keine besondere Qualität gegenüber dem Menschsein — auch Christen bleiben Sünder und werden als Sünder gerechtfertigt — sondern Christsein heißt Menschsein im Bewußtsein, Mensch sein zu dürfen. In diesem Sinn ist der Seelsorger nicht Werbeagent und Interessenvertreter einer sich verabsolutierenden Gruppe, sondern Anwalt des Humanum, von welchem er glaubt, wünscht, hofft, daß es mit absoluter Autorität und absoluter Liebe intendiert ist, nämlich von Gott, der uns so liebt, daß er sogar selbst sich als den Fordernden zurücknimmt (Phil 2), sich hingibt und stirbt ... (S. 31).
Von diesen Sätzen her ist mir dann allerdings die Grundthese von Stollberg, daß Seelsorge »Psychotherapie im kirchlichen Kontext« ist, zu eng. Für mich müßte es heißen: Seelsorge ist Hilfe zur Menschwerdung im eschatologischen Kontext.
Heije Faber, Religionspsychologie, 1973: »Im Glauben liegt der Akzent also nicht auf dem Für-wahr-halten einer ›geoffenbarten‹ Wahrheit, sondern auf einem gemeinsamen Unterwegssein, auf einer funktionellen Beziehung. Wenn wir dies psychologisch zu werten versuchen, so läßt sich sagen, daß beim ersten, dem Für-wahr-halten, der Mensch der Abhängige, der Unreife ist, während beim zweiten, beim gemeinsamen Unterwegssein gleichsam der erste Versuch zu einer reiferen Beziehung zwischen Gott und Mensch unternommen wird« (S. 284).
Heinz Kohut, Narzißmus, 1974: »Je sicherer ein Mensch sich seines eigenen Wertes ist, je gewisser er weiß, wer er ist, und je sicherer sein Wertsystem verinnerlicht ist — umso mehr wird er mit Selbstvertrauen und Erfolg in der Lage sein, seine Liebe zu geben (das heißt, objektlibidinöse Bindungen einzugehen), ohne Zurückweisung und Erniedrigung übermäßig befürchten zu müssen« (S. 335).
Howard Clinebell, aaO.: »In dem Maß, wie ein Mensch die eigentliche Bestimmung seines Menschseins verwirklicht, findet er seinen Platz im Universum und wird fähig, die existentielle Angst in eine Kraft umzuwandeln, die sein Leben erweitert ... Wenn man schöpferisch tätig wird, dann überwindet man die Fesseln der Endlichkeit, erhebt sich über die Geschöpflichkeit und wird zum Konkreator Gottes ...« (S. 244).
Harvey Cox, Verführung des Geistes, 1974: »Des Menschen einzige Bestimmung liegt darin, seine gottgegebene Freiheit dazu zu benützen, sein Schicksal selbst zu gestalten und seine Bestimmung zu erreichen. Wenn er sich dieser Aufgabe verweigert, dann vermag ihn nichts zu retten ... Weil die Grundmacht des Universums *für* den Menschen ist, braucht keine Demütigung endgültig, keine Ungerechtigkeit unveränderbar, keine Sorge jenseits von Trost zu sein ... Der Mensch ist frei, das zu werden, als was er ursprünglich gemeint war, ein Partner bei der Pflege und dem Genuß des Kosmos.« Und da »Jesus den wesentlichen Charakter menschlicher Kommunikation demonstriert«, ist »der Mensch dazu ausersehen, ein Kommunikator zu werden« (S. 300 und 311).
12 *Helmut Barz*, Selbst-Erfahrung, Tiefenpsychologie und christlicher Glaube, 1973: Psychologisch gesehen, bedeutet für S. Freud »Selbstwerdung« des Menschen den Prozeß, in dem alles, was vorher »Es« war, zum »Ich« geworden ist. Während für C. G. Jung das Unbewußte weit mehr ist als das Verdrängte und Nicht-Bewußte, nämlich »Ursprung und unerschöpfliche Matrix sämtlicher seelisch-geistigen Formkräfte«, so daß »sowohl die Dynamik als auch das Material des Selbstwerdungsprozes-

ses von den Archetypen herstammt« und weit über das nur Bewußtmachen des Verdrängten hinausführt. Selbstverwirklichung »hat ihr Ziel in der Ausrichtung auf die nie zu erreichende psychische Totalität des Selbst, das als eine Vereinigung aller nur denkbaren Gegensätze vorzustellen ist, vor allem aber als eine Vereinigung von Bewußtsein und Unbewußtem« (S. 25). Dieser Prozeß der Ganzwerdung, von Jung »Individuationsprozeß« genannt, ist »ein nie zu Ende gelangender Prozeß, bei dem der Weg wichtiger ist als das Ziel, und von dem jeder als von einer Erfahrung sprechen kann, der auch nur ein paar Schritte dieses Weges gegangen ist«, wobei aber jeder wissen muß, »daß er niemanden weiter begleiten kann, als er selber vorher gekommen ist.« (S. 26 und 28). Der Grund für die Beschäftigung mit diesen psychologischen Erkenntnissen in der Seelsorge wird von Barz darin gesehen, daß »so wie die Tiefenpsychologie auf ihrer Suche nach Selbsterkenntnis bis an die Grenze der Gotteserkenntnis geführt wird, so hat Gotteserkenntnis bzw. das Annehmen der göttlichen Offenbarung Selbsterkenntnis zur Voraussetzung« (S. 15). »Der Glaube ist nicht denkbar ohne die Mitwirkung der unbewußten Element in der Struktur der Person. Die gleichmäßige Betroffenheit von Bewußtsein und Unbewußtsein ist gemäß tiefenpsychologischer Erkenntnis eine Voraussetzung für alle prägenden Erfahrungen des Menschen, insbesondere für sein unbedingtes Ergriffensein« (Tillich) ... (S. 153). Die Diskrepanz zwischen dem früheren unermeßlichen Auswirkungen des Christentums und seiner heutigen geringen Prägekraft ist psychologisch nur dadurch zu erklären, daß »die kirchliche Praxis mit der Bewußtseinsentwicklung der abendländischen Menschheit nicht Schritt gehalten hat, sondern von ihr überholt wurde.« (S. 155).

Dazu *Dietrich Stollberg*, Therapeutische Seelsorge: »Die tatsächliche Person ist stets mehr als ihre bewußt und intentional gezeigten Aspekte. Die psychische Gesundheit wächst mit der Anerkennung und Bewußtwerdung einer größtmöglichen Vielfalt der Aspekte des Selbst (so Jung und Künkel).« (S. 222).

Joseph W. Knowles, Gruppenberatung als Seelsorge und Lebenshilfe: »Das Selbst entsteht, wenn man sich der biologischen und instinktmäßigen Bedürfnisse in sich selbst bewußt wird und erkennt, daß sie zur eigenen Personstruktur gehören.« (S. 14).

Joachim Scharfenberg, Seelsorge als Gespräch, schreibt auf dem Hintergrund der Sicht S. Freuds: »Wenn das Unbewußte seine Energien vollkommen abgegeben hat, ist das Ende der Geschichte da, ist der Mensch völlig mit sich selbst identisch, sieht er von Angesicht zu Angesicht, ist das Eschaton hereingebrochen.« (S. 49).

Hans-Chr. Piper, Gesprächsanalysen, 1973: »Verstehen ist kreativ und befreit zur Kreativität. Es hat etwas zu tun mit dem Creator Spiritus. Verstehendes Zuhören ist transparent, es weist über sich hinaus auf Den, der den Menschen vorbehaltlos annimmt, der ihm nahe ist und ihn liebt. So ist es kein Wunder – oder vielmehr: es *ist* ein Wunder des heiligen Geistes, wenn wir dort, wo uns derartiges Verstehen entgegen kommt, uns unserer Geschöpflichkeit wieder freuen können und wenn unsere Klage zum Psalm wird.« (S. 108).

Dietrich Stollberg, Therapeutische Seelsorge: »Seelsorge kommt gerade dadurch zustande, daß eschatologisch bestimmter Glaube und empirisch-natürliche Vorfindlichkeit eine personal-kommunikative Realisation erfahren.« (S. 155).

Hans-Joachim Thilo schreibt in »Psyche und Wort« zu Römer 8,7: »Dem Erben ist diese Welt anvertraut. Es ist also notwendig, den Weg vom Kind zum Erben zu gehen ... Es kann sich nicht darum handeln, die Aussagen der Bibel, wonach Gott der liebende, schützende und uns zugewendete Vater ist, abschwächen oder gar eliminieren zu wollen. Es handelt sich vielmehr darum, diese Aussage der Bibel dem Reifestand anzupassen, den uns nicht die Entwicklungspsychologie, sondern die biblische Botschaft selbst vorschreibt. Dies eben ist gemeint, wenn wir von dem Weg vom Kind zum Erben reden. Das Kind muß tüchtig gemacht werden, das Erbteil anzutreten ... Flucht vor den Gegebenheiten der Welt in all ihren Konsequenzen widerspricht dem Auftrag zur Verwaltung des Erbes.« (S. 103).

Dietrich Stollberg, Mein Auftrag – deine Freiheit: »Seelsorge bedeutet Freimachen durch Freilassen! Daraus ergibt sich als Ziel der Seelsorge die Kommunikation erwachsener Menschen, die einander gelten lassen und an die Stelle von Tabus Verantwortung, an die Stelle von nicht hinterfragbarem Gesetz freie Entscheidung, an die Stelle von Angst Mut zum Risiko, an die Stelle von Über-ich-Steuerung Ich-Entscheidung (inclusive bewußter Verzichtleistung zB.) setzen können. An die Stelle von Imperativ tritt der Indikativ; an die Stelle von Pflicht tritt die Neigung, an die Stelle von Last tritt die Lust, an die Stelle von Genußunfähigkeit aus Angst Genußfähigkeit aus Freude, an die Stelle von mangelhafter Realitätswahrnehmung bessere Einsicht in die Notwendigkeiten«, wobei »diese Ziele stets nur in relativer Annäherung zu erreichen sind.« (S. 46).

Joachim Schartenberg führt in »Seelsorge als Gespräch« ein Zitat von *Otto Haendler* an, nach dem »das Ziel seelsorgerlichen Gesprächs die Freiheit eines Christenmenschen sei und daß rechte Seelsorge in dem Betreuten das deutliche Empfinden wachhalten müsse, daß er von Freiheit zu Freiheit geführt werde«. (S. 25).

13 *Hans-Joachim Thilo*, Beratende Seelsorge: »Die Tatsache, daß wir im Grunde eigentlich alle eine Zahl hervorragender Vorträge gehört haben, die uns klarmachen wollten, wie wie besser predigen, Gespräche führen, besser beraten und besser verwalten könnten, und die in uns höchstens den Vorsatz erweckten, es nun in Zukunft auch so zu tun – ein Vorsatz jedoch, den wir nicht ausführen konnten –, beweist, daß Bewußtseinsveränderungen auf diese Weise nicht möglich sind. Die Möglichkeiten, die jedoch eine Balintgruppe oder eine Selbsterfahrungsgruppe uns an die Hand geben, sind hier hilfreich«. (S. 35).

M. Josuttis in Wege zum Menschen 24/1972/S. 104: »Lebenswichtig scheint mir ein Gruppentraining für den Theologen auch deshalb zu sein, weil er ohne die Erfahrung der Annahme durch andere Menschen seinerseits den Nächsten nicht anzunehmen lernt und auf die Dauer zum unbarmherzigen, unmenschlichen Schriftgelehrten werden muß.«

Joachim Scharfenberg, Seelsorge als Gespräch: »Wenn es gelingt, im Gespräch Empfindungen und Gefühle in Worte zu verwandeln, bedeutet dies zweifellos einen Zuwachs an Freiheit gegenüber triebhafter Gebundenheit (S. 42). Der Mensch versteht sich selber nur, wenn er die Verstehbarkeit seiner Worte an andern versuchend geprüft hat« (Zitat von W. Humboldt). (S. 27).

Joseph W. Knowles, Gruppenberatung als Seelsorge und Lebenshilfe: »Die tatsächlich wertvollsten Gaben für die Gruppe sind die echten Gefühle eines Menschen, einschließlich derer von Furcht, Schmerz, Ungenügen, Versagen und Zorn, wie auch die positiven Gefühle von Liebe, Sorge und Wertschätzung. Wenn jemand an unannehmbar erscheinenden Gefühlen teilhaben läßt, ist er überrascht, daß sie – obwohl es so schwer war, sie offen zu zeigen, und obwohl sie für ihn eine Abwertung seiner selbst bedeuteten – von den andern in völlig anderm Licht gesehen werden.« (S. 49) »In der Phase des Erörterns und Mitteilens von sonst nicht akzeptierten Gefühlen gewinnen die Teilnehmer emotionale Stärke und Mut.« (S. 107).

13a *Wybe Zijlstra*, Seelsorge-Training 1972.

14 Die theologische Seite dieser Erfahrung wird angedeutet bei *Richard Riess*, Perspektiven der Pastoral-Psychologie: Das Evangelium handelt davon, daß Gott jeden Menschen akzeptiert so, wie er ist. »Er ermöglicht es jedem, der damit rechnet, sich und seine Mitmenschen ebenso zu akzeptieren. Wenn dies der Inhalt von Rechtfertigung ist – wäre es dann nicht möglich, diese Botschaft von ihrer historischen Text-Gestalt abzulösen und hier und jetzt neu erfahrbar zu machen? Wenn dies nicht möglich ist, bleibt jene Botschaft für den heutigen Menschen letztlich irrelevant. Ist es aber möglich, dann ist es dem Christen aufgegeben, das Erfahrene so zu übermitteln, daß auch andere daran teilhaben – und das heißt an meinem Heil, meinem Geheilt-worden-sein partizipieren und darin selbst Heilung erfahren – können. Diesen Weg haben die großen Seelsorger der Kirche seit je beschritten, indem sie – wie Jesus – nicht Wort und Tat auseinanderrissen, sondern Liebe übten, Diakonie trieben, Tatzeugnis ablegten ... Das Wort wurde von der Tat begleitet ... Eine solche Seelsorge aber entspricht mindestens strukturell dem psychotherapeutischen Prozeß ...« (S. 102).

Auf die Frage, wie denn ein Kontakt zustande kommen könne, damit der Klient an der Erfahrung des Seelsorgers partizipiert, wird daran erinnert, daß die Stufe der Empathie von der Seelsorge oft übersehen wurde und es das Verdienst der Psychoanalyse sei, hier »zur Besinnung gerufen zu haben«. »Wie der Missionar mit seiner Muttersprache bei den Eingeborenen wenig ausrichtet, so erreicht auch der Seelsorger, der seinem Partner ›das Wort auf den Kopf zusagt‹, diesen nicht, weil er die Verschiedenheit des Bezugsrahmens (›frame of reference‹) der Gesprächspartner übersieht. Theologisch gesprochen: Er übersieht, daß das Wort Fleisch geworden ist und nicht als besondere himmlische oder geistliche Sprache weiter tradiert wird. Sage ich einem andern Menschen: ›Du bist von Gott angenommen‹, so mag er das bezweifeln, er kann es nicht nachvollziehen. Nehme ich ihn aber so an, wie er ist, so vermittle ich ihm eine elementare Erfahrung, die es ihm vielleicht ermöglicht, das Wort vom Angenommensein ›nachzusprechen‹ –, also ›dem Evangelium zu glauben‹ ... Das Wort Gottes ist dem Seelsorger nicht in einer gleichsam vorfabrizierten – nämlich der biblischen – Gestalt bereit und zur Verfügung, sondern er muß auch dasjenige Wort Gottes hören können, das im Gesprächspartner und von ihm her auf ihn zukommt.« (S. 103).

15 *Richard Riess*, Perspektiven der Pastoralpsychologie: »Die Prozesse bei Neurotikern wie die Potenzphantasien von sogenannten Normalen, der Perfektionismus der Industriegesellschaft wie die totalitäre Prinzipienhaftigkeit politischer Ideologien sind Symbole geschlossener Sy-

steme. Die Welt des gekreuzigten Gottes aber ist eine offene Welt, in welcher das Gesetz der Stärke und der Superlative überwunden ist, jene permanente Versuchung ›to play God‹.« ... Denn »indem Gott selbst schwach, ohnmächtig, verwundbar und sterblich wird, befreit er Menschen von der Sucht nach mächtigen Idolen und schützenden Zwängen und macht sie bereit, ihre Menschlichkeit, ihre Freiheit und ihre Sterblichkeit anzunehmen« (Zitat J. Moltmann »Der gekreuzigte Gott«). S. 173)
Dazu *Hans Van der Geest* in Wege zum Menschen 26/1974, Heft 2/3: »Gerade indem der Seelsorger alle Macht hinter sich läßt, dh. alle Einsichten und jedes Urteil fortläßt, vermag er für den andern von Bedeutung zu sein. Die Hilfe, die Macht der Seelsorge liegt nicht in den Momenten, wo der Pastor interpretiert oder belehrt, sondern dort, wo er als Mitmensch durchdringt in die fremde Welt des andern und ihm nahekommt (S. 90) ... Das ist gerade die Frage für jeden Seelsorger, ob er jemals zu solcher Selbstentäußerung fähig sein wird. Solange das Spiegeln nämlich als leicht erlernbare Technik praktiziert wird, entwickelt sich lediglich ein Schattenbild von Kommunikation, das in seiner Kühle und Distanziertheit kaum oder gar nicht als Kommunikation qualifiziert zu werden verdient ... Weil der Einsatz Christi Bedingung und Urbild des seelsorgerlichen Einsatzes ist, deshalb ist die seelsorgerliche Beziehung von Hoffnung getragen.« Optimismus gibt es nur »auf Grund des Wunders, daß Christi Ohnmacht seine höchste Macht ist. Und wenn sich der Seelsorger auf seine Weise und in seiner Rolle selbst in der Beziehung zu seinen Mitmenschen entäußert, dann erwarten wir eben auch von dieser Beziehung nicht weniger als Wunder«. (S. 91). »Größte Bedenken« meldet Van der Geest (S. 92) an, wenn »die tiefenpsychologisch orientierte Gesprächsführung als *das* Modell der Seelsorge angepriesen wird. Unter ihren Voraussetzungen ändert sich der Charakter der seelsorgerlichen Beziehung entscheidend. Der Seelsorger nimmt eine Machtfunktion wahr. Er ist es, der einsieht, begreift und belehrt. Damit ist die seelsorgerliche Beziehung nicht mehr Konkretisierung und Zeichen der priesterlichen Erniedrigung Christi. Es realisiert sich vielmehr der Paternistische Herr in ihr.« (S. 92)
Dazu möchte ich sagen, daß zwar die Bedenken verständlich sind, daß sie sich aber nicht notwendigerweise bewahrheiten müssen. Wenn der Seelsorger nicht einfach eine »tiefenpsychologisch orientierte Gesprächsführung« als Technik handhabt, sondern selber auf dem Wege ist, sich mit seiner eigenen »Tiefe« bekannt zu machen, dann wird er sich zu hüten wissen vor der Überschätzung von Einsicht, Begreifen und Belehrung und damit vor dem Durchsetzen der eigenen Macht!
16 *Ruth Cohn*, Von der Psychoanalyse zur themenzentrierten Interaktion: »Der erste Schritt in der Ausbildung von Gruppenleitern ist Bewußtwerden des Sich-Selbst-Leitens.« Von daher ihre Betonung der Wichtigkeit der »Chairman-function« (»Jeder sein eigener Chairman!«), sowie der Realisation und Bekanntgabe der eigenen Bedürfnisse, Störungen und Gefühle innerhalb einer Gruppe.
Dietrich Stollberg, Seelsorge durch die Gruppe: »Nicht die leiterzentrierte Gruppe, sondern der gruppenzentrierte Leiter ist Ziel der entsprechenden Ausbildung und Medium des Zeugnisses von der annehmenden Gnade Gottes im gruppendynamischen Prozeß.« (S. 99). Nach

Zitaten von einigen amerikanischen Autoren wird (S. 319) das »reconciling« genannt, das »die besten Aussichten für eine Seelsorge (habe), welche in der Kontinuität der pastoraltheologischen Tradition der Kirche stehe und dennoch für die psychologischen Erkenntnisse der modernen Forschung offen« sei (S. 319). Gerade innerhalb der Gruppe könnte geübt werden, was als Ziel der Seelsorge bei Dietrich Stollberg formuliert wird: »Das Ziel der Seelsorge ist nicht die Bekehrung des Partners sondern dessen Annahme gerade in seinem Anderssein ... Wer Verschiedenheit nicht aushalten kann, hat Angst; Angst um das Heil des andern ist Angst um das eigene Heil und das Gegenteil von Glauben und prinzipieller Annahme des andern in seinem Anderssein.« (Mein Auftrag – Deine Freiheit, S. 45)

Manfred Josuttis schreibt in: Klinische Seelsorgeausbildung (Hrsg. Werner Becher): »Wenn viele Teilnehmer (einer CPT-Gruppe) sagen, sie hätten in dieser Zeit ein Stück Kirche erfahren, dann wollen sie damit eben dies beschreiben: das Erlebnis einer bedingungslosen Annahme, in der sie die Bedingungslosigkeit des Evangeliums in der Gemeinschaft mit andern Menschen praktisch erfahren haben. Das aber ist eine Einsicht von weittragender Bedeutung. Sie nötigt uns zum Bedenken der Frage, ob das Evangelium kommunizierbar ist nicht nur in verbalen oder symbolischen Formen, wie es in der Predigt oder in den Sakramenten geschieht, sondern auch in Gruppenprozessen, selbst wenn dort gar keine theologische Diskussion geschieht. Hat der Lernprozeß, der in einer solchen Gruppe abläuft, mit seinen Phasen der Desintegration und der Acceptation etwas mit der Folge von Gesetz und Evangelium zu tun? ... Wäre ein solcher Gruppenprozeß theologisch als eine mögliche Form der Praxis von Evangelium zu charakterisieren? Dann bestände das theologische Element im CPT nicht in den Verkündigungssätzen, die im Verlauf der Gespräche irgendwann einmal ausgesprochen werden, dann wäre das Evangelische auch nicht einfach an den Wirkungen abzulesen, die ein solches Gespräch beim Klienten hervorbringt; dann wäre der Prozeß als solcher ein Kommunikationsmedium, in dem man das Gericht und die Gnade des Evangeliums persönlich und praktisch erfahren lernt.« (S. 142).

17 Hier betreten wir einen Boden, der noch nicht gründlich beackert worden ist. *Hans Van der Geest* vertritt in »Wege zum Menschen« 26/2/3 (vgl. Anm. 15) eine extreme Kenosis-Theologie. *Hans Chr. Piper* räumt einer Theologia crucis einen breiten Raum ein (Klinische Seelsorgeausbildung, S. 131). *Hans J. Thilo* nennt in Psyche und Wort die Theologie der Inkarnation den »theologischen Angelpunkt unseres Ansatzes«. (S. 105). Einleuchtend macht Hans Chr. Piper (Klinische Seelsorgeausbildung, S. 131 ff) klar, daß sich in einem CPT-Kurs analog zum Gruppenprozeß auch zunächst eine theologische Desintegration und zum Schluß wieder eine Art Integration vollzieht, und er vertritt dann (Wege zum Menschen 28/Juli 1967 S. 289) die Auffassung: »Die Klinische Seelsorgeausbildung schafft die Theologie nicht ab. Sie kreiert auch keine neue, wie immer geartete Theologie. Sie möchte lediglich helfen, zu erkennen, inwieweit meine Theologie ihren Niederschlag in meinem praktischen Tun findet und inwieweit nicht. Sie stellt meine Theologie in der Konfrontation mit meiner Praxis auf die Probe.«

Ich meine aber, daß gerade dieser letzte Ansatz – wenn schon einen

Namen – dann den Namen »Inkarnationstheologie« in dem Sinne verdient, daß »inkarnierte«, gelebte Theologie erstrebt wird und die »Theologie im Kopf« nicht mehr befriedigt. Jedenfalls »entlarven sich viele theologischen Positionen als Bastionen, hinter denen sich Unsicherheit verbirgt. Dies aber erklärt, warum derartige theologische Positionen Kommunikationsbarrieren sind. Mit den Worten eines Psychoanalytikers: ›Die doctrina tritt an die Stelle der Betroffenheit ... Sie dient als festes Gehäuse, welches dem Theologen Sicherheit verleiht vor sich und vor Gott. Nun besitzt er eine feste Position in der Gemeinde‹ (Zitat R. Affemann). Die Erfahrungen im CPT zeigen, daß diese Kommunikationsbarrieren eben nicht nur zwischen den Theologen stehen, sondern daß sie in gleicher Weise auch den Kontakt zu den Gemeindegliedern verstellen ... Die Konsequenz jener Analyse ist ..., daß der Theologe seinen christlichen Scheinglauben erkennt und aufgibt ... Wenn er sich in seiner sündhaften Wirklichkeit ehrlich und offen von Gott betreffen läßt, reicht das für ihn und die Gemeinde, (auch wenn sie damit nicht zufrieden ist) ... Hier liegt vermutlich auch die Wurzel der vieldiskutierten ›Identitätskrise‹ des Pfarrers von heute verborgen. Denn wenn ich aus einem (mir in der Regel nicht bewußten) Grund nicht der sein will, der ich bin, entsteht zwangsläufig eine Identitätskrise mit den damit verbundenen Rollenkonflikten ...« (*Hans-Chr. Piper*, Klinische Seelsorgeausbildung, S. 132)

In seinem Kommentar zu diesem Artikel von Hans-Chr. Piper scheint es *Rudolf Kaufmann* »gefährlich zu sein, weiter reichende Schlüsse daraus (sc. aus den theologischen Perspektiven des CPT) zu ziehen, weil so die Gefahr besteht, daß man von diesen abstracta her an die Wirklichkeit des CPT herangeht – und dann liegt allerdings der Schluß nahe, einen CPT-Kurs im Lichte von Bekehrungs-Instituten zu sehen, wo man zuerst ›zu Kreuze kriechen‹ muß, bevor man in die ›Gemeinschaft der Heiligen‹ sprich: CPT Absolventen aufgenommen wird.« (S. 145) Dagegen wäre *Joachim Scharfenberg* zu beherzigen, wenn er (Seelsorge als Gespräch, S. 114) sagt: »Mir scheint, daß die Offenlegung der Gesetze, die bei emotionalen Lernprozessen eine Rolle spielen, einen Schlüssel abgeben zum Verständnis von psychischen Umschwüngen, wie sie bei Bekehrungserlebnissen eine Rolle spielen ... In theologischer Interpretation könnte dies heißen, daß Verhaltenstherapie und religiöse Orthodoxie einen Berührungspunkt in einem anthropologischen Pessimismus haben, der zu einer völligen Absolutierung des ›extra nos‹ führt ... Freiheit im Sinne von Bewußtseinserweiterung wird sich nicht ereignen können ...«

18 *Richard Riess*, Seelsorge. Er akzeptiert im Prinzip, was Joachim Scharfenberg »beispielsweise Allwohn oder Thurneysen, aber auch angloamerikanischen Theologen wie Murray oder Outler vorhält, (nämlich) jene Inkonsequenz, mit der man einerseits die praktischen Funde der Psychoanalyse zu einer Art Freiwild macht, anderseits aber ihre Eigenständigkeit via Weltanschauungsverdacht erledigt und zugleich an der grundsätzlichen Überlegenheit der seelsorgerlichen Methoden festhält. Damit geht Scharfenberg im Grunde ein Gespenst an, das selbst in der heutigen Generation noch gelegentlich geistert: die allzu griffige Phrase von der ›ancilla theologiae‹, der sich Philosophen wie Philologen, Pädagogen wie Psychologen und andere lange genug ausgesetzt sahen, ein Anspruch, der nicht erst heute antiquiert, sondern schon von Anfang

an und im Ansatz alles andere als evangelisch gewesen ist.« (S. 61) Aber Riess fügt seinem Einverständnis dann zwei wichtige Einschränkungen bei: 1) »Auf Grund des heutigen Gesprächs (sc. mit den Humanwissenschaften) fühlen wir uns genötigt, diese Vorstellung (von der Psychologie als ancilla) als Interim zu interpretieren und zum andern als einen Vorgang zu verstehen, bei dem sich ein partnerschaftlicher Austausch von Ideen und Instrumenten für einen bestimmten Zweck und für eine bestimmte Zeit vollzieht.« Und 2) »Die subjektive Auswahl neuen Materials und seine Anreicherung sind legitime Leistungen eines kritischen Ich. Wie uns der soziologische Subtyp des sogenannten Innovators zeigen kann, konzentriert sich die Übernahme auf bestimmte Komponenten, wie zB. auf die kritische Aufnahme von bewährten Methoden unter Beibehaltung der eigenen Motivation oder Intention.« (Beide Zitate S. 61)
Als »Paradigma für integrative Prozesse« nennt Riess dann die im Aufbau begriffene »Pastoral-Psychologie«. Sie versteht sich als »empirische Wissenschaft, dh. als eine spezifische Psychologie, der es um eine möglichst exakte Erforschung intrapsychischer und interpersonaler Prozesse im Lebensraum der christlichen Gemeinde zu tun ist. Ihr funktionaler Einsatz mit optimalen Methoden erfordert es, daß sie auf keine Sparte im psychologischen Spektrum zu fixieren ist ... Glauben schaffen oder Glauben abschaffen kann und will die Pastoralpsychologie nicht. Aber sie kann und will jene unbewußten Motive ins Blickfeld rücken helfen, welche zu seiner Behinderung beitragen ...« Pastoralpsychologie ist, wie schon Stollberg feststellt (Therapeutische Seelsorge, S. 65), »nicht nur eine Hilfswissenschaft, die Ergebnisse einer dem kirchlichen Leben und dem Evangelium eigentlich fremden, weil »säkularen« Forschungsdisziplin zu übernehmen hätte, sondern ein selbständiger kirchlicher Beitrag zum interdisziplinären Dialog der Wissenschaften untereinander«. »Dieses selbständigen Beitrags bedarf in der Tat die gesamte pastorale Praxis, weil diese Praxis von einer ›Perspektive der Tiefe‹ geprägt ist, die nicht nur, wohl aber auch mit psychologischen und psychotherapeutischen Mitteln und in bestimmtem Maße einsehbar wird.« (Riess, Seelsorge, S. 65)
19 Das »subjektive Moment« meint in der Sprache von C. G. Jung, daß Selbsterkenntnis und Gotteserkenntnis untrennbar miteinander verbunden sind, weil »wir nur über die Imago Dei beziehungsweise über den Archetypus des Selbst etwas auszusagen vermögen, weil wir nur das Geprägte, nicht aber das Prägende kennen« (*H. Barz*, Selbsterfahrung, Tiefenpsychologie und christlicher Glaube, S. 52). »Wenn man die christliche Existenz der radikalen Bewährungsprobe tiefenpsychologischer Durchdringung aussetzen will, so wird man Gott nicht mehr glauben können, ohne zuvor in sich das Selbst erfahren zu haben. Man wird, mit anderen Worten, nur noch vom individuell erfahrenen, zentralen Archetypus auf das dahinter stehende ›Prägende‹ bzw. auf den ›Gott über Gott‹ schließen können, und nicht umgekehrt.« (ebd. S. 78)
Von C. G. Jung selber sagt Barz, er wollte »als ein nicht anmaßlicher Mensch auf ein ihm verwandtes Bild blicken und möchte, daß sich »Religion« darauf beschränken könne, diesem Bild sorgfältige Beachtung, Scheu und Verehrung entgegenzubringen«. (S. 51) Wobei der einleitende Satz von Barz sehr zu beachten ist (auch im Blick auf C. G. Jung): »Die Tiefenpsychologie bringt die *subjektive* Seite der christlichen

Existenz zur Geltung und verschafft ihr die Beachtung, die sie verdient, ohne sich in den objektiven Bereich einzumischen.« (S. 21)
20 Eine genaue Erörterung der verschiedenen Modelle würde den Rahmen dieser Arbeit sprengen. Ich begnüge mich deshalb damit, aus der Fülle der Literatur einige Schriften zu nennen, in denen diese Aufgabe meines Erachtens hilfreich versucht wird.
Zur Auseinandersetzung mit S. Freud:
Joachim Scharfenberg, Religion zwischen Wahn und Wirklichkeit.
Heinz Zahrnt (Hrsg.), Jesus und Freud.
Zur Auseinandersetzung mit C. G. Jung:
Gerhard Wehr, C. G. Jung und das Christentum.
Sammelband: C. G. Jung im Leben und Denken unserer Zeit.
21 Hilfreich im Gespräch mit Pfarrern und Studenten erweist sich mir immer wieder der Entwurf von *Erik H. Erikson* (Kindheit und Gesellschaft, Identität und Lebenszyklus), der das ganze Leben als stufenweisen Wachstumsprozeß versteht. Die Wurzeln verschiedener Glaubens- und Religionstypen sieht er in den kindlichen Stufen oraler, analer und ödipaler Färbung, die es zu transzendieren gilt in Richtung auf die »Stufe der Adoleszenz«, zu einer neuen Ganzheit des Menschen.
Heije Faber vertritt die These »daß in den von der Psychoanalyse in Bezug auf die Jugendjahre nachgewiesenen Entwicklungsphasen bestimmte Leitbilder ›losgelöst‹ werden, die im späteren Leben des Menschen in einem mehr oder weniger großen Umfang ihren Einfluß geltend machen, und so als Erziehungs- und Kulturmodelle im menschlichen Zusammenleben in Erscheinung treten. In dem gesamten Panorama des religiösen Lebens der Menschheit, angefangen von den sogenannten ›Primitiven‹ bis hin zum Menschen der Gegenwart, spiegeln sich also bestimmte, von Analytikern wie Freud und Erikson herausgestellte Entwicklungsphasen wieder. Zuweilen in ›Reinkultur‹, oft aber auch in vielerlei Kombinationen.« (Religionspsychologie, S. 140) So führt Faber dann als Beispiel einer von aus der oralen Phase stammenden Leitbildern geprägten Religiosität die primitiven Religionen sowie den Hinduismus und den »religiösen Humanismus« an, denen die Bindungs- und Lösungsproblematik mit dem Grundelement des »Urvertrauens« typisch ist. Für das Leitbild aus der »analen Phase« mit dem Motto »Wegwerfen – Festhalten, Geiz – Verschwendung, Beherrschung von Zurückhalten und Hingeben« nennt er als Beispiele den Pharisäismus und den Puritanismus sowie die »Säkularisation« (Stichworte: Geld, Schmutz, Produkt und Produktion). Die Eigenart der dritten, oedipalen Phase wird gesehen in der Entdeckung der Ich-Du-Beziehung, der Partizipation. Sie wird als prägendes Leitbild für den Judaismus und das Christentum – sofern es als »religiöses Phänomen« analysierbar ist – in Anspruch genommen. Endlich wird als Ausblick die »Phase der Adoleszenz« genannt, in der das Leitbild »Auszug aus dem Elternhaus, Aufbruch auf eigene Verantwortung in eine unbekannte Welt« vorherrscht und sich mit allen Stürmen der Desintegration und des Wiedererlebens früherer Stufen durchzusetzen beginnt. Die Subkulturen der Jugend von heute werden in diesem Lichte gedeutet, die Ablehnung der Vaterfiguren (s. auch Heije Faber, Gott in vaterloser Gesellschaft 1970) damit in Zusammenhang gebracht, dann aber – hinausgehend über Erikson – nicht nur die Identitätsfindung, sondern auch Kommunikation, »gemeinsame Lebensbewäl-

tigung als ein Stückchen Schalom des Reiches Gottes« ansatzweise darin gesehen. Statt dem »Vaterhaus als Modell der Wirklichkeitserfahrung« ist »unser Modell jetzt das des Exodus«. (Religionspsychologie, S. 287) Wenn früher für die Machtträger der »Christus« eine Art von Identifikationsmöglichkeit war, so ist heute »Jesus wieder eine Identifikationsmöglichkeit für diejenigen, die sich in der geltenden ›Ordnung‹ nicht mehr zurecht finden«. (aaO., S. 289)

22 Wenn *Dorothee Sölle* (in: Die Hinreise) ein ähnliches Anliegen vom Weg zur Ganzheit der Person anmeldet, so würde ich – entgegen ihrem Versuch, die »Vokabel Gott« zu gebrauchen um zu sehen, was über das Menschliche hinaus geschieht – eher die mitmenschliche Erfahrung heranziehen, um zu erkennen, wie Jesus Gott vergegenwärtigt. Vor allem aber könnte den Bedenken der Verfasserin, daß man über dem mystischen »Hüttenbauen« der »Hinreise« die Rückreise zur Welt vergißt, gerade die Erfahrung des CPT entgegen gehalten werden, daß das Anliegen der »Selbstverwirklichung« eingebettet in den Kontext der Ausbildung zur Seelsorge diesen Weg zurück miteinschließt.

23 Vgl. Anm. 17.

24 *Hans J. Thilo* spricht in Psyche und Wort davon, daß wir zur Kenntnis zu nehmen haben, daß »die empirischen Wissenschaften erheblich mehr vom Menschen und seinen Verhaltensweisen zu wissen begannen als die christliche Seelsorge«, daß es »in der Seelsorge um die *Sache* Jesu, nicht um seinen Namen«, geht, und daß »der Seelsorger nicht Werbeagent oder Interessenvertreter einer sich verabsolutierenden Gruppe, sondern Anwalt des Menschlichen in dem Sinne (ist), wie Jesus Christus Mensch vor Gott ist«. (S. 43 und 44)

25 Vgl. die Ausführungen zu *Karl Barth* in Anm. 6.

26 *Richard Riess*, Perspektiven der Pastoralpsychologie, S. 101: »In der Person des Seelsorgers begegnen sich generelles und spezifisches Proprium – natürlich nicht nur in seiner eigenen, sondern auch in der des Partners, denn Seelsorge geschieht ja als ein dynamischer Prozeß interpersonaler Begegnung. So kann man zusammenfassend formulieren: Kirchliche Seelsorge geschieht dort, wo der eschatologisch orientierte Christusglaube und die empirisch-vorfindliche Existenz des Menschen personal-kommunikativ zusammentreffen.«

Hans-Chr. Piper, in Klinische Seelsorge-Ausbildung, S. 132: »Es wird am Ende eines Trainings regelmäßig erkannt, daß die am Anfang gestellte Frage nach dem Proprium eine Frage nach der ›unaufgebbaren Position‹ war – letztlich ein Zeichen für eine nicht integrierte Theologie.« (Vgl. auch Anm. 3 und 17)

27 Wenn ich dazu Literatur nenne, so möchte ich betonen, daß nach meiner Erfahrung sie ohne eine entsprechende (möglichst vorausgegangene) Erfahrung nicht viel weiterhilft. (So habe ich mir selbst auch zugemutet, alle angeführten Experimente inklusive einer Psychoanalyse selber durchzustehen, um aus eigenem Erleben urteilen zu können.)

1. *Selbsterfahrungsgruppen, Sensitivity-Training:*
Klaus Antons, Praxis der Gruppendynamik 1973
G. Becker (Hrsg.), Christen nehmen Stellung, 1974
Tobias Brocher, Gruppendynamik und Erwachsenenbildung, 1967
K. W. Dahm/H. Stenger (Hrsg.), Gruppendynamik in der kirchlichen Praxis, 1974

Peter R. Hofstätter, Gruppendynamik, 1957
A. Heigl-Evers (Hrsg.), Gruppendynamik, 1973
–, Psychoanalyse und Gruppe, 1971
Horst E. Richter, Die Gruppe, 1972
Wege zum Menschen, 27, 19, Heft 5/6 (Sonderheft »Gruppendynamik«)
2. *Therapeutische Gruppen:*
a) *Gestalt-Therapie:*
Walter Kempler: Grundzüge der Gestalt-Familientherapie, 1975
H. Petzold: Gestalttherapie und Psychodrama, 1973
Frederick S. Perls, Gestalt-Therapie in Aktion, 1969 (deutsch 1971)
–, Ego, Hunger and Aggression, 1964
–, Grundlagen der Gestalt-Therapie, 1974
M. Schiffmann: Gestalt Self Therapy, 1971
John O. Stevens: Die Kunst der Wahrnehmung, 1975
Klaus Vopel, ISKO-Materialhefte, 1973 ff
b) *Schrei-Therapie:*
Daniel Casriel: A scream away from happiness, 1972
Arthur Janov: The primal scream, 1972 (Urschrei)
–, The Primal Revolution, 1973
–, The feeling child, 1974
c) *Material für nonverbale Kommunikation und bioenergetische Übungen*
zu beziehen durch NCA, Abteilung für kreative Kommunikation, Maarssen, Holland
d) *Transaktions-Analyse:*
Eric Berne: Spiele der Erwachsenen, 1967
–, Transactional Analysis in Psychotherapy, 1961
Howard, J. Clinebell: Modelle beratender Seelsorge, 1971 (Kapitel 6)
Thomas A. Harris: Ich bin OK, du bist OK, (englisch 1967)
e) *Psychodrama:*
Grete Leutz: Psychodrama, Theorie und Praxis, 1974
H. Petzold: Gestalttherapie und Psychodrama, 1973
f) *Zur Psychoanalyse und Psychotherapie:*
die Schriften von S. Freud, C. G. Jung (und seiner Mitarbeiter, sowie des C. G. Jung-Instituts), Leo Szondi, Medard Boss, G. Condrau, Charles Brenner, Alphonse Maeder u. a.
3. *Regeln der Gesprächsführung:*
W. Bosshard: Gesprächsführung – praktisch, 1976
Ruth Cohn: Von der Psychoanalyse zur themenzentrierten Interaktion 1975
Wege zum Menschen, 27, Nr. 11 und 12
28 Bei *Joachim Scharfenberg*, Seelsorge als Gespräch, findet sich im Kapitel »Die Frage der kritischen Selbstprüfung des Seelsorgers« eine Art »Beichtspiegel« zur Selbsterkenntnis. Dort wird Macht als Gefahr in verschiedenen Gestalten vorgeführt: im Mißbrauch der Gesprächssituation »zur Befriedigung eigener ungestillter Wünsche und Sehnsüchte unter dem Deckmantel der Hilfe« (S. 80); oder indem die Enttäuschungen des Pfarreralltags sich »in der Berufskrankheit der Verbitterung« niederschlagen und man andere Menschen durch die eigene Skepsis programmiert und hemmt; oder in der Versuchung, sich unentbehrlich zu machen und andern abzunehmen, was sie selber tun könnten, in der Vogelstraußpolitik gegenüber den eigenen sexuellen Wünschen und aggres-

siven Trieben, die sich dann — verdrängt und unterdrückt — unberechenbar ausleben; im Zwang »immer lieb zu sein« und nie nein sagen zu können, in Verbindung mit ungelösten Schuldgefühlen; im Zwang zur Gesetzlichkeit; im Herrschen durch Helfen, vor allem bei seelisch Schwächeren; im übertriebenen Bedürfnis nach Befriedigung eigener Neugier. (S. 80—84)
Einen interessanten Aspekt des Machtproblems weist der Psychiater *Adolf Guggenbühl-Craig* in »Macht als Gefahr beim Helfer« auf. Er geht davon aus, daß ein Archetyp (als angeborene Möglichkeit des Verhaltens) zwei Pole in sich schließen kann. So gehört zum Archetyp des Arztes sowohl der Arzt als auch der Patient. Der Kranke enthält in sich »einen inneren Arzt«, wie der Arzt einen »inneren Patienten« (vgl. das Bild des »verwundeten Arztes«!). Wenn der Arzt seinen »inneren Patienten« auf den Kranken projiziert, dann lähmt er den »inneren Arzt« im Patienten und bewirkt dessen Passivität. Er selber aber entwickelt sich zum »Arzt ohne Wunden«, das heißt, er hat selbst nichts mehr zu tun mit der Welt der »armen Kranken«. Er kann deshalb den heilenden Faktor im Patienten nicht mehr konstellieren, er übt nur noch Macht aus — als der gesunde, starke Arzt gegenüber dem schwachen, kranken Patienten. — Die Übertragung dieser Situation auf den Pfarrer liegt nahe und ist hier umso tragischer, als wir vom Evangelium her wirklich darauf angesprochen sind, daß wir vor Gott alle »krank« sind und der Heilung bedürfen! (Vgl. Jer 17,9.14 oder Römer 3,23 u. a.)
29 *Wybe Zijlstra*, Seelsorge-Training, S. 142 f: »Echtes Zuhören ist, vom Evangelium her gesehen, eine Form der Entäußerung (Kenosis), eine Form wahrhaftigen Dienstes im biblischen Sinn: im Zuhören legt der Seelsorger alle eigene Herrlichkeit ab, um in seinem Herzen und Leben Raum zu schaffen für die Nöte und Freuden des andern, damit der andere er selber werden und wachsen kann auf die einmalige Bestimmung hin, die Gott in Christus von Anfang an seinem Leben gegeben hat. Alles in uns sträubt sich insgeheim gegen diese Entäußerung und diesen Dienst, aus Hochmut *und* aus Angst ... Zuhören als Entäußerung und Dienst ist eine Art Sterben. Zuhören ist allerdings auch eine Kunst, die man *ausüben* kann, aber die Voraussetzung ist die Bereitschaft, wie das Gerstenkorn im Gleichnis zunichte zu werden ... (Ein Seelsorger) redet wohl ständig von ›Akzeptieren des andern‹, aber im Gruppengeschehen zeigt sich, daß er nicht einmal sich selber akzeptiert, obgleich er doch behauptet, an die ›Rechtfertigung des Gottlosen‹ zu glauben, ja hierin sogar den Kern des Evangeliums sieht, das er andern verkündigen will ... Zuhören ist im Licht des Evangeliums eine Form von ›Zeit haben‹, und ›Zeit haben‹ ist eine Form der Liebe. Das Leben und Werk Christi in unserer Welt bedeutet ja, daß ›Gott Zeit für uns gehabt hat‹ (Barth). Nur wenn wir so Zeit haben, kann chronos zum kairos werden, qualifizierte Zeit, Ewigkeit ... Das ›Höre Israel‹ (ist) das Gebot, das allen Geboten vorangeht, und das Nicht-Zuhören-Können (dh. eigentlich nicht wollen!) das Zeichen menschlicher Gottlosigkeit und demnach auch seiner Unmenschlichkeit. Seelsorge bedeutet zuerst und grundlegend, ganz *Ohr* sein. Gewiß, der Psychotherapeut und der Sozialarbeiter müssen genauso zuhören, es ist eine wesentliche Vorbedingung für ihre Arbeit. Es ist gleichsam das pastorale Element in ihren Berufen. Für den Pfarrer ist es aber nicht ein Element unter anderen,

es ist alles. Nur wenn es alles für ihn ist, nur wenn er ganz Ohr ist für das Evangelium und auf diese Weise für seine Mitmenschen in unverbrüchlichem Zusammenhang, befindet er sich im Kraftfeld der Inkarnation, der Versöhnung und der Erlösung. Nur dann weiß er (in dem Sinn von: er darf vertrauen), daß der Herr im Heiligen Geist gegenwärtig ist und daß etwas geschieht ... Wenn der Pfarrer, dem es aufgegangen ist, daß er sich selber nicht entäußern und nicht wahrhaftig dienen *kann* – und daß darin nun gerade seine Gottlosigkeit besteht – dennoch bereit ist, in Christi Namen ganz Ohr zu sein, dann schafft der Heilige Geist diese Entäußerung und diesen Dienst.«

30 *Dietrich Stollberg*, Seelsorge praktisch, S. 16: »Annehmende Seelsorge ist nicht *ab*nehmende Seelsorge, dh. sie nimmt keine Entscheidungen ab und stößt den Partner nicht in die Unmündigkeit zurück, sondern sie arbeitet hin auf eine Erweiterung des Freiheitsraumes des Klienten, um ihm seine eigene Entscheidung zu ermöglichen. Eine Grundvoraussetzung dafür bildet die Atmosphäre gegenseitigen Vertrauens, die nur dort wachsen kann, wo der Seelsorger selbst seine Kommunikationsangst (inklusive Mißtrauen) kennt und kontrolliert, ja in der Seelsorge an seiner eigenen Person mehr und mehr zugunsten echten Glaubens, der im Urvertrauen wurzelt, abbaut. Erst dann wird es ihn auch nicht mehr ängstigen, wenn in einem nichtdirektiv geführten Gespräch die ›religiöse‹ Thematik lange auf sich warten läßt oder gar nicht erscheint. Diese pastörliche Zwangsvorstellung (nämlich daß Seelsorge stets theologischen Inhalts sein müsse), die mit Angst um unsere Rollenidentität gekoppelt ist, kann nur der aufgeben, der selbst das Zeugnis von der bedingungslosen Annahme Gottes erfahren hat.«

31 Ich denke hier nicht einmal in erster Linie an manifeste oder gar »ekklesiogene« Neurosen, sondern an Verhaltensweisen, an die wir uns vielleicht sogar gewöhnt haben, die aber gerade darum umso gefährlicher sein können. So schreibt *Joachim Scharfenberg* (Seelsorge als Gespräch, S. 48): »In dem Maße, in dem jemand genötigt ist, sich von bestimmten Bereichen seines eigenen Unbewußten zu entfremden, sie also von seinem Bewußtsein fernzuhalten, wird er nicht in der Lage sein, diesen Bereich bei einem andern zu verstehen und zu akzeptieren. Er wird im Gegenteil ständig das, was er bei sich selbst nicht wahrhaben will, auf den andern projizieren und dort bekämpfen ... Wer verdrängen muß, begibt sich aber auch der Möglichkeit einer Teilhabe am Unbewußten einer bestimmten Zeitsituation. Es wird ihm dann in besonderer Weise die Allgemeinverständlichkeit seiner Ausdrucksmittel ermangeln. Die Sprache vieler Theologen könnte hierfür als eindrucksvolle Illustration dienen. Es gilt schließlich auch zu bedenken, daß durch die Verdrängung der Mensch sich von dem entfremdet, was S. Freud das archaische Erbe der Menschheit genannt hat, das wir mit C. G. Jung das Kollektive Unbewußte nennen können und das, so lange die Menschheitsgeschichte dauert, unablässig seine Energien abgibt und frei setzt ...«

32 Vgl. dazu *Dorothee Hoch*, Heil und Heilung, 1954, S. 55. Die theologische Substanz dieses »Jugendwerkes« kann ich auch heute noch bejahen, aber ich würde es heute weniger biblizistisch abfassen, und ich würde weniger auf den »Gefahren« insistieren als vielmehr die Chancen der Ausweitung sowohl des menschlichen Vermögens als des christlichen

Glaubens anführen. Vgl. dazu Dorothee Hoch, Christlicher Glaube und Parapsychologie in: Reformatio 1975, Nr. 5.
33 Vgl. dazu die auf S. 8f angeführten Zitate aus Eduard Thurneysen, Seelsorge im Vollzug, S. 90 und 92.
34 Vgl. dazu die Ausführung und Zitate zur Karl Barth, Anm. 6.

LITERATURVERZEICHNIS

Barth, Karl: Die Kirchliche Dogmatik, Band III, 2 und IV, 1
Barz, Helmut: Selbsterfahrung (Tiefenpsychologie und christlicher Glaube), 1973
Becher, Werner (Hrsg.): Klinische Seelsorge-Ausbildung, 1973
Clinebell, Howard: Modelle beratender Seelsorge, 1971
Cohn, Ruth: Von der Psychoanalyse zur themenzentrierten Interaktion, 1975
Cox, Harvey: Das Fest der Narren, 1970
Cox, Harvey: Verführung des Geistes, 1973
Erikson, Erik H.: Kindheit und Gesellschaft, (1956) 1963
–, Identität und Lebenszyklus, 1966
Faber, Heije: Der Pfarrer im modernen Krankenhaus, 1970
–, Klinische Semester für Theologen, 1970
–, Gott in vaterloser Gesellschaft, 1972
–, Religionspsychologie, 1973
Guggenbühl-Craig, Adolf: Macht als Gefahr beim Helfer, 1975
Josuttis, Manfred: in W. Becher, Klinische Seelsorge-Ausbildung, (s. o.)
Knowles, Joseph: Gruppenberatung als Seelsorge und Lebenshilfe, 1971
Kohut, Heinz: Narzißmus, 1974
Piper, Hans-Christoph: Gesprächsanalysen, 1975
–, Predigtanalysen, 1976
–, verschiedene Artikel in: Klinische Seelsorge-Ausbildung und in: Wege zum Menschen
Riess, Richard: Seelsorge, 1973
–, Perspektiven der Pastoral-Psychologie, 1974
Scharfenberg, Joachim: Seelsorge als Gespräch, 1972
–, Religion zwischen Wahn und Wirklichkeit, 1971
Sölle, Dorothee: Die Hinreise, 1976
Stollberg, Dietrich: Therapeutische Seelsorge, 1969
–, Seelsorge praktisch, 1971
–, Seelsorge durch die Gruppe, 1971
–, Mein Auftrag – Deine Freiheit, 1972
Thilo, Hans Joachim: Beratende Seelsorge, 1971
–, Psyche und Wort, 1974
Thurneysen, Eduard: Lehre von der Seelsorge, 1945 (zit. Lehre)
–, Seelsorge im Vollzug, 1968 (zit. Vollzug)
»Wege zum Menschen«, verschiedene Artikel
Wehr, Gerhard: C. G. Jung und das Christentum, 1975
Zahrnt, Heinz (Hrsg.): Jesus und Freud, 1972
–, Religiöse Aspekte gegenwärtiger Welt- und Lebenserfahrung, Reflexionen über die Notwendigkeit einer neuen Erfahrungstheologie, in: ZThK 71, 1974, Nr. 1
Zijlstra, Wybe: Seelsorge-Training, 1973

Die benutzte speziell psychologische Literatur findet sich unter Anmerkung 27.

Hans Frör

Konflikt-Regelung

Kybernetische Skizze zur Lebensberatung (ganz praktisch/anleitungen). 160 Seiten mit 27 graphischen Darstellungen. Kartoniert.

„Der Autor legt ‚kybernetische Skizzen zur Lebensberatung' vor. Anhand von Regelkreisen lassen sich Schritte nachzeichnen und Lösungen finden." Wort und Weg, Stuttgart

„Wird der hier aufgezeigte Weg des Autors als Angebot und Möglichkeit für den Berater angesehen und gelesen, so ist sein Verdienst heute schon abzusehen." Nachrichten der Evang.-Luth. Kirche in Bayern

Dietrich Stollberg

Therapeutische Seelsorge

Die amerikanische Seelsorgebewegung. Darstellung und Kritik. Mit einer Dokumentation. (Studien, Band 6) 3. Aufl. 392 Seiten. Kartoniert.

„Ohne Pluralität der Intentionen der amerikanischen Autoren zu uniformieren, führt Stollberg in die Grundfragen der Poimenik ein, daß sein Buch auch einen Beitrag zur ‚Neuorientierung der Seelsorge' (H. Doebert) und Hilfen für die tägliche seelsorgliche Arbeit des deutschen Lesers bietet." Deutsches Pfarrerblatt

David K. Switzer

Krisenberatung in der Seelsorge

Situationen und Methoden. (Gesellschaft und Theologie/Praxis der Kirche, Band 19) 196 Seiten. Kst. — In Gemeinschaft mit dem Matthias-Grünewald-Verlag, Mainz

„Switzer macht den Pfarrern Mut, ihre alte Aufgabe auf fundierte Weise zu erfüllen, nämlich der Liebe Gottes Ausdruck zu verleihen in eigenständiger Seelsorge, nicht in der Nachahmung des Psychiaters. Er macht darauf aufmerksam, daß Psychotherapeuten immer stärker zu Methoden übergehen, die den Pastoren immer schon geläufig waren."
Pfarrer-Rundbrief des Evangelischen Konsistoriums

Hermann Andriessen

Pastorale Supervision

Praxisberatung in der Kirche. Aus dem Niederländischen von Kurt Moritz. (Gesellschaft und Theologie/Praxis der Kirche, Band 24) Ca. 250 Seiten. Kst. — In Gemeinschaft mit dem Matthias-Grünewald-Verlag, Mainz (Juli 1977)

Andriessen kommt das Verdienst zu, das erste umfassende Studienwerk über pastorale Supervision vorzulegen, das den Studierenden wie den Praktiker gründlich mit diesem neuen Arbeitsfeld vertraut macht, einen Überblick über Fachgebiete, Methoden und Veröffentlichungen bietet und für den Supervisor ein verläßlicher Leitfaden ist.

CHR. KAISER VERLAG MÜNCHEN

THEOLOGISCHE EXISTENZ HEUTE

179 **T. Rendtorff – E. Lohse. Kirchenleitung und wissenschaftliche Theologie.** Eine Ortsbestimmung. Vorträge vor einer Konferenz der Leitungen der Landeskirchen der EKD und Vertretern der wissenschaftlichen Theologie mit einem Geleitwort von W. Lohff. 72 Seiten.

180 **M. Kriener. Aporien der politischen Predigt.** 72 Seiten.

181 **K. G. Steck. Die christliche Wahrheit zwischen Häresie und Konfession.** 68 Seiten.

182 **J. Scharfenberg – H. W. Schütte – H. Timm – Chr. Gremmels. Religion: Selbstbewußtsein – Identität.** Psychologische, theologische und philosophische Analysen und Interpretationen. Mit einer Einführung von T. Rendtorff. 60 Seiten.

183 **W. Steck. Der Pfarrer zwischen Beruf und Wissenschaft.** Plädoyer für eine Erneuerung der Pastoraltheologie. 60 Seiten.

184 **W. Greive. Praxis und Theologie.** 72 Seiten.

185 **M. Geiger. Christsein in der DDR.** 40 Seiten.

186 **Chr. Dietzfelbinger. Die Antithesen der Bergpredigt.** 88 Seiten.

187 **D. Schellong. Bürgertum und christliche Religion.** Anpassungsprobleme der Theologie seit Schleiermacher. 116 Seiten.

188 **R. Rendtorff. Israel und sein Land.** Theologische Überlegungen zu einem politischen Problem. 56 Seiten.

189 **G. Sauter – Th. Strohm. Theologie als Beruf in unserer Gesellschaft.** 96 Seiten.

190 **H. Dombois. Unscheidbarkeit und Ehescheidung in den Traditionen der Kirche.** Ist die Unauflöslichkeit der Ehe absolut? 44 Seiten.

191 **U. Luck. Welterfahrung und Glaube als Grundproblem biblischer Theologie.** 40 Seiten.

192 **D. Ritschel – Hugh O. Jones. »Story« als Rohmaterial der Theologie.** 76 Seiten.

193 **Klaus Scholder (Hg.). Dem Wort vertrauen.** Gedenkreden für Hermann Diem. 36 Seiten.

194 **Gerd Theißen. Soziologie der Jesusbewegung.** Ein Beitrag zur Entstehungsgeschichte des Urchristentums. 112 Seiten.

CHR. KAISER VERLAG MÜNCHEN